生态安全与社会治理丛书

张银花 李金华 ◎ 主编

生态、治理与社会工作

张银花 尚艳春 房文双 等 ◎ 著

中国农业出版社
北京

生态安全与社会治理丛书

SHENGTAI ANQUAN YU SHEHUI ZHILI CONGSHU

编　委　会

总　序

把内蒙古自治区建设成我国北方重要生态安全屏障、祖国北疆安全稳定屏障，建设成国家重要能源和战略资源基地、农畜产品生产基地，打造成我国向北开放重要桥头堡，是习近平总书记和党中央为内蒙古自治区确立的战略定位。

2022年，值此内蒙古农业大学建校70周年校庆之际，人文社会科学学院组织编纂"生态安全与社会治理丛书"，旨在更好地反映办学成果，总结发展经验，传承文化精神，向母校70华诞献礼。

七十载栉风沐雨，七十载春华秋实。内蒙古农业大学作为一所以农林为主，以草原畜牧业为重点办学特色，具有农、工、理、经、管、文、法、艺8个学科门类的多科性大学，认真贯彻落实习近平总书记重要讲话精神，高度重视与生态环境保护、资源可持续利用、社会治理相关的学科专业建设，草学、水土保持与荒漠化防治等学科专业在全国范围内都具有一定的影响力，公共管理、社会工作、法学等学科专业的教师也开展了一系列有关自治区生态文明建设、农村牧区社会治理方面的调查研究与决策咨询，产生了良好的社会效益。2021年，在自治区党委宣传部和教育厅的大力支持下，哲学社会科学重点研究基地"筑牢祖国北疆生态安全屏障研究基地""内蒙古牧区治理现代化研究中心"依托内蒙古农业大学人文社会科学学院建设，为更好地服务自治区生态治理、社会治理提供了新机遇。

党的二十大报告将推动绿色发展、建设美丽中国，完善社会治理体系、健全社会治理制度作为全面建设社会主义现代化国家的内在要求，强调指出要"推动绿色发展，促进人与自然和谐共生""健全共建共治共享的社会治理制度，提升社会治理效能"。"生态安全与社会治理丛书"从高校基层党建、公共管理学科建设、行政管理、社会工作和法学专业发展五个方面对学院的各项工作做了全面的总结。本次出版的《生态、治理与社会工作》作为"两个基地"和内蒙古自治区哲学社会科学规划重点项目（2021NDA072）、内蒙古高校创新团队项目（NMGIRT2218）的中期成果，不仅有助于为"两个屏障"建设提供智力支持，还将对学院的教育教学、人才培养、科学研究起到助推作用。在此，衷心感谢各位编委、作者、读者多年来对学院发展的关心和支持！

是为序。

内蒙古农业大学人文社会科学学院　张银花　李金华

2022 年 10 月 28 日

目 录

第四篇　民族地区社会工作教育与教学

第一篇

DI-YI PIAN

生态安全与环境治理

SHENGTAI ANQUAN YU
HUANJING ZHILI

内蒙古筑牢祖国北疆生态安全屏障的战略意义与实践路径

张银花

党的二十大报告指出"国家安全是民族复兴的根基，社会稳定是国家强盛的前提。必须坚定不移贯彻总体国家安全观，把维护国家安全贯穿党和国家工作各方面全过程，确保国家安全和社会稳定"。维护国家安全是全国各族人民根本利益所在，是新时代坚持和发展中国特色社会主义的基本方略之一，是实现中华民族伟大复兴中国梦的重要保障。2014年4月15日，习近平总书记在中央国家安全委员会第一次会议上首次提出"总体国家安全观"，并将生态安全明确纳入国家安全体系。生态安全是一个国家具有支撑国家生存发展的较为完整、不受威胁的生态系统，以及应对内外重大生态问题的能力；是国家安全体系的重要组成部分，是经济安全的基本保障，是政治安全、社会安全的坚固基石，是资源安全、国土安全的重要基础。

内蒙古自治区位于祖国正北方，面积118.3万平方千米，拥有4 000多千米的国境线，是我国北方面积最大、种类最全的生态功能区，在维护我国北方生态安全中具有重要的战略地位。内蒙古要全面践行总体国家安全观，贯彻落实习近平总书记考察内蒙古时的重要讲话以及关于内蒙古工作的重要指示批示精神，从维护国家安全的战略高度，充分认识到在全面建设社会主义现代化国家进程中、在党和国家工作大局中，要把自身建设成为我国北方重要生态安全屏障的战略意义，肩负起维护国家生态安全的重大政治责任，着力提升生态安全保障能力，把祖国北部边疆生态安全屏障打造得更加牢固。

一、把内蒙古建设成为我国北方重要生态安全屏障的战略定位

党的十八大以来，以习近平同志为核心的党中央高度重视内蒙古各项事业发展。习近平总书记多次就内蒙古工作做出重要指示批示，为推进新时代内蒙古发展指明了前进方向、提供了根本遵循。

（一）深刻把握习近平总书记为内蒙古确定的战略定位

习近平总书记一直牵挂着祖国北疆，党的十八大后，他在 5 年时间里两次到内蒙古考察调研。2014 年 1 月，习近平总书记来到内蒙古，看望慰问各族干部群众，提出了"守望相助"的殷切希望。守，就是守好家门，守好祖国边疆，守好内蒙古少数民族美好的精神家园；望，就是登高望远，规划事业、谋求发展要跳出当地、跳出自然条件限制、跳出内蒙古，有宽广的世界眼光，有大局意识；相助，就是各族干部群众要牢固树立平等团结互助和谐的思想，各族人民拧成一股绳，共同守卫祖国边疆，共同创造美好生活。"守望相助"，是内蒙古改革发展稳定的关键所在，也是 2 000 多万各族草原儿女的幸福所依。

内蒙古作为资源富集地区和我国北方重要生态安全屏障，探索出了符合自身特点的高质量发展之路。2018 年 3 月 5 日，习近平总书记第一次参加内蒙古代表团审议，就结合内蒙古区情特点，为推进经济高质量发展点题，针对"内蒙古产业发展不能只盯着羊、煤、土、气，要大力培育新产业、新动能、新增长极。同时，也要注意有所为有所不为，不能搞大呼隆，一哄而起"的现状，提出"立足优势、挖掘潜力、扬长补短"的具体要求。"羊、煤、土、气"，指的是农畜产品、煤炭、稀土、天然气，这是内蒙古丰富的自然资源，同时也代表了传统产业、低端产业、资源型产业、劳动密集型产业等发展道路。习近平总书记强调，内蒙古要构建多元发展、多级支撑的现代产业新体系，形成优势突出、结构合理、创新驱动、区域协调、城乡一体的发展新格局，为祖国北疆构筑起万里绿色长城。

内蒙古的生态状况，不仅关系全区各族群众生存和发展，而且关系华北、东北、西北乃至全国的生态安全。内蒙古的生态地位重要而特殊，保护好生态环境，不仅是内蒙古的责任，也是内蒙古迈向高质量发展的必由之路。2019 年 3 月 5 日，习近平总书记在参加十三届全国人大二次会议内蒙古代表团审议时指出"内蒙古实现高质量发展要立足本地资源禀赋特点，不能简单同东部发达地区攀产业、比结构、赛速度""要贯彻新发展理念，努力探索出一条以生态优先、绿色发展为导向的高质量发展新路子"。习近平总书记特别强调，要保持加强生态文明建设的战略定力，探索以生态优先、绿色发展为导向的高质量发展新路子，加大生态系统保护力度，打好污染防治攻坚战，守护好祖国北疆这道亮丽风景线。

2019 年 7 月，习近平总书记赴内蒙古考察调研。这是党的十八大以来，总书记第二次到内蒙古考察，也是"不忘初心、牢记使命"主题教育启动后的首次地方考察。习近平总书记考察时指出，"守好这方碧绿、这片蔚蓝、这份纯净，要坚定不移走生态优先、绿色发展之路，世世代代干下去，努力打造青山常在、绿水长流、空气常新的美丽中国"。在实地指导开展"不忘初心、牢记使命"主题教育时，习近平总书记强调，要牢记初心和使命，贯彻以人民为中心的发展思想，落实新发展理念，做好稳增长、促改革、调结构、惠民生、防风险、保稳定各项工作，不断增强各族群众的获得感、幸福感、安全感，把祖国北部边疆这道风景线打造得更加亮丽。

2020年5月22日，习近平总书记在参加十三届全国人大三次会议内蒙古代表团审议时再次强调，要把祖国北疆这道万里绿色长城构筑得更加牢固。

2021年3月5日，习近平总书记在参加十三届全国人大四次会议内蒙古代表团审议时强调，要保护好内蒙古生态环境，筑牢祖国北方生态安全屏障。要坚持绿水青山就是金山银山的理念，坚定不移走生态优先、绿色发展之路。要继续打好污染防治攻坚战，加强大气、水、土壤污染综合治理，持续改善城乡环境。要强化源头治理，推动资源高效利用，加大重点行业、重要领域绿色化改造力度，发展清洁生产，加快实现绿色低碳发展。要统筹山水林田湖草沙系统治理，实施好生态保护修复工程，加大生态系统保护力度，提升生态系统稳定性和可持续性。

2022年3月5日，习近平总书记参加十三届全国人大五次会议内蒙古代表团审议，对内蒙古切实履行维护国家生态安全重大政治责任、积极稳妥推进碳达峰碳中和工作做出重要指示。在认真听取大家发言后，习近平总书记肯定内蒙古一年来的工作，希望内蒙古的同志坚决贯彻党中央决策部署，统筹抓好疫情防控和经济社会发展各项工作，坚定不移走以生态优先、绿色发展为导向的高质量发展新路子，切实履行维护国家生态安全、能源安全、粮食安全、产业安全的重大政治责任，不断铸牢中华民族共同体意识，深入推进全面从严治党，把祖国北部边疆风景线打造得更加亮丽，书写新时代内蒙古高质量发展新篇章。

在两次实地考察和5次代表团审议中，习近平总书记必谈的是"生态"，关心呼伦湖、乌梁素海、岱海"一湖两海"污染防治进展，要求"把祖国北疆这道万里绿色长城构筑得更加牢固"，提出"统筹山水林田湖草沙系统治理""走以生态优先、绿色发展为导向的高质量发展新路子"……，为内蒙古保持加强生态文明建设的战略定力，坚定不移推进高质量发展指明了方向。

（二）筑牢我国北方重要生态安全屏障是内蒙古义不容辞的责任

内蒙古自治区地处祖国北部边疆，横跨"三北"，内联八省区，自然地域格局独特，是我国北方面积最大、种类最全的生态功能区，生态系统丰富多样，具有森林、草原、河流、湖泊、湿地、戈壁、沙漠等不同生物环境类型。

草原、森林、湿地面积分别占全国的 22％、12％和 16％，荒漠化和沙化土地面积均占全国的近 1/4。守护好这片碧绿、这方蔚蓝、这份纯净，是内蒙古义不容辞的责任，也是内蒙古对国家最大的贡献。[①]

习近平总书记指出，内蒙古是我国北方的一道天然生态屏障。这里的生态环境如何，不仅关系内蒙古各族群众的生存与发展，也关系华北、东北、西北生态环境的保护和改善，意义和作用十分重大，因此一定要搞好。把内蒙古建设成为我国北方重要生态安全屏障，是习近平总书记为内蒙古确定的战略定位，这一战略定位，指明了新时代内蒙古的职责和使命所在。

战略定位就是奋斗目标，为新时代内蒙古发展提供了根本遵循。紧紧围绕习近平总书记确定的战略定位，内蒙古党委、政府进一步明确了全面建设社会主义现代化国家新征程上，维护国家生态安全必须肩负起的重大责任和光荣使命，保持加强生态文明建设的战略定力，牢固树立正确的生态观、发展观，坚持把生态安全屏障建设摆在压倒性位置，全地域全方位加强生态环境保护，最大程度培植绿色发展优势，强化国土空间规划和用途管控，把全区 87％的面积划入限制开发区域、51％的面积划入生态保护红线，将工业园区数量压减 50％、规划面积压缩 30％[②]。

战略定位就是行动纲领，为新时代内蒙古发展指明了前进方向。生态移民、退耕还林、退牧还草，不仅改善了农牧民的生产生活条件，而且大大改善和保护了内蒙古的生态环境。全区累计营造林 1.22 亿亩[③]、种草 2.86 亿亩，年均防沙治沙 1 200 万亩以上，规模均居全国第一，草原综合植被盖度和森林覆盖率实现"双提高"，分别由 40.3％和 20.8％提高到 45％和 23％，荒漠化和沙化土地面积实现"双减少"，沙尘暴天数由每年 4.9 天减少到 0.6 天。今天的内蒙古，不仅给我国北方地区披上了风沙的"防护服"，还为全国人民打造了超级"碳库"和纯净"氧吧"，京津"风沙源"变成了首都"后花园"。[④]

内蒙古地域辽阔、资源丰富，是我国重要的战略能源储备区，拥有非常丰富的地上、地下资源，蕴藏着巨大的煤炭、稀土等丰富的能源资源，已探明储量的矿产资源中有 103 种居全国前十、21 种居全国第一，其中煤炭储量和产量均占全国的 1/4，风能、太阳能技术可开发量分别约占全国的 57％、21％，稀土资源无论是储量还是质量都是世界级的，在保障国家能源安全、产业链供

---

① ④ 孙绍骋. 在全面建设社会主义现代化国家新征程上书写内蒙古发展新篇章 [J]. 实践，2022（9）。

② 石泰峰. 把祖国北部边疆风景线打造得更加亮丽 [J]. 求是，2022（6）。

③ 亩为非法定计量单位，1 亩≈666.7 平方米。

应链安全上具有重要地位和作用。[①] 内蒙古自然资源丰富，乳、肉、绒毛产量均全国领先，这些产品的供给能力和质量，关系整个国民经济大循环，关系国家产业链、供应链的整体可靠和自主可控。如何利用好这些资源，对于大国崛起同样至关重要。因此，要站在关乎国家能源安全、军事安全、资源安全的战略高度，高度认识内蒙古在国家发展战略中的重要地位和作用，以及扛起维护国家安全的重大责任。

内蒙古横跨"三北（东北、华北、西北）"、地近京畿，内联八省区、外接俄罗斯和蒙古国，区位优势得天独厚，历史上就是"草原丝绸之路"和"万里茶道"的重要枢纽和通道。伴随"一带一路"倡议出台，内蒙古现在是我国向北开放的前沿，是中蒙俄经济走廊的重要节点，是国家西部陆海新通道的重要门户。作为我国对外开放的"北窗口"、守护祖国的"北大门"、首都北京的"护城河"，内蒙古有 4 000 多千米边境线、36 万平方千米的边境管理区，在维护国家经济安全、社会安全、国土安全和边疆安宁方面肩负着重大的政治责任。

当前，中国已开启全面建设社会主义现代化国家新征程，内蒙古在党和国家工作大局中、在筑牢我国北方重要生态安全屏障、安全稳定屏障建设中具有重要的战略地位，必须树牢总体国家安全观，加快构建大安全格局、完善大平安体系，推动高质量发展和高水平安全良性互动，牢牢扛起作为边疆民族地区在全面建设社会主义现代化国家进程中的重大责任和光荣使命。

二、内蒙古生态安全屏障建设的实践成效与面临的现实挑战

党的十八大以来，党中央以前所未有的力度抓生态文明建设，全党全国推动绿色发展的自觉性和主动性显著增强，美丽中国建设迈出重大步伐，我国生态环境保护发生历史性、转折性、全局性变化。党的十九届六中全会指出，生态文明建设是关乎中华民族永续发展的根本大计，保护生态环境就是保护生产力，改善生态环境就是发展生产力，决不以牺牲环境为代价换取增长。要像保护眼睛一样保护生态环境，像对待生命一样对待生态环境，自觉地推进绿色发展、循环发展、低碳发展，坚持走生产发展、生活富裕、生态良好的文明发展道路。党的二十大强调，大自然是人类赖以生存发展的基本条件。尊重自然、顺应自然、保护自然，是全面建设社会主义现代化国家的内在要求。推动绿色发展，促进人与自然和谐共生，

---

① 孙绍骋．在全面建设社会主义现代化国家新征程上书写内蒙古

就是金山银山的理念，站在人与自然和谐共生的高度谋划发展。要推进美丽中国建设，坚持山水林田湖草沙一体化保护和系统治理，统筹产业结构调整、污染治理、生态保护、应对气候变化，协同推进降碳、减污、扩绿、增长，推进生态优先、节约集约、绿色低碳发展。

内蒙古牢牢扛起作为边疆民族地区在全面建设社会主义现代化国家进程中的重大责任和光荣使命，采取有力措施积极推进筑牢我国北方重要生态安全屏障建设。

（一）内蒙古生态安全屏障建设的实践成效

习近平总书记在参加十三届全国人大二次会议内蒙古代表团审议时指出，在"五位一体"总体布局中生态文明建设是其中一位，在新时代坚持和发展中国特色社会主义基本方略中坚持人与自然和谐共生是其中一条基本方略，在新发展理念中绿色是其中一大理念，在三大攻坚战中污染防治是其中一大攻坚战。这"四个一"体现了我们党对生态文明建设规律的把握，体现了生态文明建设在新时代党和国家事业发展中的地位，体现了党对建设生态文明的部署和要求。贯彻落实党和国家政策以及习近平总书记重要指示批示精神，内蒙古进一步加强生态文明建设，始终保持战略定力，在生态环境保护上不动摇、不松劲，切实在祖国北疆构筑起万里绿色长城。

1. 保持加强生态文明的战略定力，强化国土空间规划和用途管控

牢固树立正确的生态观、发展观、政绩观，保持加强生态文明的战略定力，像保护眼睛一样保护生态环境、像对待生命一样对待生态环境。内蒙古强化国土空间规划和用途管控，统筹考虑主体功能区定位和东、中、西各盟市资源环境禀赋，合理优化调整生态保护红线，划分水源涵养、水土保持、生物多样性维护、防风固沙四大类 19 个片区，完成 12 盟市中心城区、120 余个开发区和 680 多个苏木镇开发边界测算。

内蒙古党委、政府明确提出，东部盟市把保护好大草原、大森林、大河湖、大湿地作为主要任务，中部盟市立足产业基础和产业集群优势推动高质量发展，西部盟市重点加强黄河流域生态保护和荒漠化治理。全区 87% 的面积划入限制开发区域，51% 的面积划入生态保护红线，① 建立完善国土空间规划体系，为高质量发展提供了科学的空间保障。

2. 牢固树立生态优先、绿色发展的导向，推动绿色低碳发展

生态环境保护是为民造福的百年大计。以生态惠民、生态利民、生态为民宗旨，内蒙古扭转长期粗放发展形成的思维定式、固有模式、路径依赖，推

---

① ……泰峰. 把祖国北部边疆风景线打造得更加亮丽 [J]. 求是，2022（6）。

动生态文明建设和绿色转型发展从思想认识到工作实践都发生了全局性重大变化。牢固树立生态优先、绿色发展的导向，全地域全方位加强生态环境保护，全领域全过程推动绿色低碳发展。坚持生态功能区走以自然恢复为主的路子，农牧业生产区走集约化、适度规模化经营的路子，城乡建设走集中集聚集约的发展路子。大力宣传绿色文明理念，倡导绿色低碳生活，使建设美丽内蒙古成为全区人民的自觉行动。

加快转方式、调结构，走以生态优先、绿色发展为导向的高质量发展新路子。内蒙古紧紧抓住国家推动实现碳达峰碳中和重大战略机遇，加快调整产业结构、能源结构、交通运输结构、用地结构，加快形成节约资源和保护环境的产业结构、生产方式、生活方式、空间格局。明显改变了"一煤独大"的状况，非煤产业增加值占规模以上工业增加值比重超过六成。农牧业现代化水平不断提高，农畜产品加工转化率超过65%。"科技兴蒙"行动深入实施，科技进步贡献率达到55%以上。① 加大重点行业领域减污、降碳、绿色化改造力度，壮大绿色低碳产业，完善绿色低碳政策和市场体系，完善能源、水资源、建设用地等刚性约束制度，推进资源总量管理、循环利用，资源利用效率得到全面提高，遏制"两高"项目盲目发展成效明显，扭转了资源环境约束性指标失控状况。

3. 加大生态系统保护力度，统筹山水林田湖草沙系统治理

良好的生态环境是最普惠的民生福祉。习近平总书记强调，生态是统一的自然系统，是相互依存、紧密联系的有机链条，必须统筹兼顾、整体施策、多措并举，全方位、全地域、全过程开展生态文明建设。内蒙古全地域全方位加强生态环境保护，坚持自然恢复为主的方针，遵循生态系统内在机理和规律，增强生态环境保护的针对性、系统性、长效性，大力实施重要生态系统保护和修复重大工程，强化生态环境分区管控，持续提升生态系统质量和稳定性，深入开展破坏草原林地问题等专项整治，不断满足人民群众日益增长的优美生态环境需要，守护全区各族人民赖以生存和发展、寄以深情和挚爱的美好家园。

坚持山水林田湖草沙一体化保护和系统治理，内蒙古不断加强自然生态系统原真性、完整性、系统性保护，把保护草原和森林作为首要任务，严格落实林（草）长制，严格执行基本草原保护和草畜平衡、禁牧休牧等制度，严格禁止在草原上乱采滥挖、新开露天矿山，严厉打击各类违法占用草原林地行为，科学开展大规模国土绿化行动，有效发挥草原和森林对维护生态安全的基础性战略性作用。强化土地沙化荒漠化防治工作，精心组织实施京津风沙源治理、

---

① 石泰峰．把祖国北部边疆风景线打造得更加亮丽［J］．求是，2022（6）。

"三北"防护林建设、天然林保护、退耕还林、退牧还草、水土保持等重点工程，森林覆盖率和草原综合植被盖度实现"双提高"，荒漠化和沙化土地面积实现"双减少"。把保护黄河母亲河摆在突出位置，内蒙古全方位贯彻"四水四定"原则，一体推进环境问题整治，着力改善流域生态面貌。强化河湖长制，系统推进重点河湖、湿地、水体、流域生态保护和治理。黄河流域生态保护和高质量发展扎实推进，大保护大治理成效初显。"一湖两海"综合治理取得积极进展，察汗淖尔治理工作全面推开，统筹水生态修复、水环境治理、水资源节约、水安全保障。实施生物多样性保护重大工程，推进大兴安岭、阴山山脉、贺兰山山脉生态廊道建设，加快构建自然保护地体系。

4. 深入打好污染防治攻坚战，筑牢祖国北疆万里绿色长城

坚持精准治污、科学治污、依法治污，内蒙古加强大气面源污染治理，实施工业污染源深度治理，强化多污染物协同控制，深化乌海及周边地区、呼包鄂等重点区域大气污染综合治理和联防联控，有序推进清洁取暖，基本消除重污染天气；加强工业废水、农业退水、城乡污水治理，基本消除城市黑臭水体；强化土壤污染防治，有效管控农用地和建设用地土壤污染风险。大气环境质量方面，全区 12 个盟市空气质量平均优良天数比例 89.6%，剔除超出近 3 年平均沙尘天气影响后，优良天数比例 91.4%，同比上升 0.7 个百分点。6 项大气主要污染物平均浓度除臭氧浓度略有上升外，其他 5 项污染物浓度全部下降，且 5 项污染物浓度全部创"十三五"以来最低值；水环境质量方面，全区 133 个地表水断面优良水体比例 65.0%，劣 V 类水体比例 5.8%；剔除额尔古纳河流域背景值影响后，优良水体比例 72.9%，劣 V 类水体比例 5.3%。地市级集中式饮用水水源地取水水质优良比例 87.3%；土壤环境质量方面，全区土壤环境风险得到基本管控，354 个土壤监控点中，有 293 个低于风险筛选值，达标率 82.8%。[①] 坚持从修复区域生态系统出发，加强绿色矿山建设，推进矿区生态综合治理。重点建设用地安全利用得到有效保障，城乡人居环境得到明显改善。

内蒙古始终把保护生态环境摆在压倒性位置，摒弃损害甚至破坏生态环境的发展模式，以久久为功的行动修复生态环境创伤，切实守护好内蒙古这片碧绿、这方蔚蓝、这份纯净，在祖国北疆构筑起万里绿色长城。

（二）内蒙古生态安全屏障建设面临的现实挑战

内蒙古自治区第十一次党代会指出，"过去五年的工作，在看到成绩的同时，还要清醒认识到，我区发展不平衡不充分问题仍然突出，维护安全稳定面

---

① 康丽娜.2021 年内蒙古生态环境质量持续改善［J］.内蒙古日报，2022（6）。

临许多新情况新问题。笔者结合调研，对现实存在的影响生态安全屏障建设的因素进行调查，分析内蒙古生态安全屏障建设面临的现实挑战主要有以下几个方面。

1. 生态安全相关法律法规及标准缺失，生态安全治理体系尚未健全

生态安全相关法律法规及标准缺失。生态安全法律体系的构建是一项综合工程，既需要制定与之相关的基本法，也需要制定各专项法。我国已颁布实施的《环境保护法》《草原法》《森林法》《农业法》《土地管理法》《湿地保护法》《水法》《水土保持法》《防沙治沙法》《大气污染防治法》《土壤污染防治法》《水污染防治法》等法律，对于维护生态安全发挥了重要的法律保障作用。但是，我国生态安全尚未专门立法，生态保护立法仍是按照各要素开展，如草原、森林、湿地保护、土地管理等，生态安全领域的法律法规缺乏系统性和完整性，与保障生态安全密切相关的标准规范依然存在空缺环节。

生态安全治理体系尚未健全。在生态安全治理工作内容增加、难度加大的背景下，仅仅依靠传统的工作模式和单靠政府的人力、物力、财力已难以实现生态安全全领域全过程的有效治理。目前生态安全治理体系尚未健全，还面临着侧重于对生态安全领域事件发生后的响应处置，而预警预防机制建设则相对不足，协调联动应急能力还很有限，危机治理所需的组织保障、人力资源、物资储备、应急设施等配备不足，应急管理与公共服务的衔接不畅，企业、社会组织及居民等治理主体参与不足等诸多问题依然存在。如何发挥广大民众的主观能动性和积极性，如何凝聚社会组织等生态安全治理的新生力量，如何吸引更多的志愿者加入生态安全治理的行列，如何建立"共治共享"的生态安全治理新机制，如何汇集各类社会资源和力量，是健全生态安全治理体系的当务之急。

2. 生态安全的基础监测及科技支撑能力不足，个别场域还存在安全风险

生态安全治理是一项由监测、预测、预报，以及预防、治理和灾后重建等多方面组成的系统工程。在每一环节中，除了需要人力、物力、财力投入外，都需要科学技术支撑。各地区生态安全相关部门的电子政务建设和数字化治理尽管取得一定成绩，但尚未建立全区统一的生态环境大数据系统与"天空地一体化"生态监测监管体系，不能实时掌握生态系统的变化情况，缺乏统一的监测预警信息发布机制。一体化数字化应急管控平台相对不足，生态安全科技支撑能力总体较低，仍存在信息系统整合不足、信息应用条块化分割化、信息传达能力较为滞后等问题，无法形成协同与联动的常态化信息沟通机制。

生态安全既是生态系统的健康和完整情况，又是人们在生产、生活和健康等方面不受生态破坏与环境污染等影响的保障程度，包括饮用水与食物安全、空气质量与绿色环境等基本要素。而且，构成生态安全的内在要素包括充足的

资源和能源、稳定与发达的生物种群、健康的环境因素和食品等。换言之，如果一个国家的各种生物种群系统多样稳定、资源与能源充足、空气新鲜、水体洁净、近海无污染、土地肥沃、食品无公害，那么该国家的生态环境是安全的。反之，该国的生态环境就是受到了威胁。① 我国的生态安全形势严峻，土地退化、植被破坏、生态多样性锐减，生态安全领域存在风险挑战。内蒙古全区范围内也存在影响生态安全的风险因素，个别场域还存在安全隐患。如自然灾害方面，内蒙古除大兴安岭北端的北岭和岭东南部分地方属于半湿润气候外，其余地区均属于半干旱、干旱和极干旱地区，年降水量少。干旱是内蒙古农牧业生产、生态环境面临的主要灾害。部分地区还是风灾（扬尘、沙尘暴）、雹灾、雪灾、冰冻等极端天气的受害地区；草原或森林、资源开采工矿企业等也存在安全风险。时刻保持忧患意识，切实维护生态安全责任重大。

3. 生态安全教育缺乏系统性实效性，社会公众的生态安全意识有待进一步提高

生态安全教育存在"短板"，无论是中小学、高校，还是企事业单位、党政机关，生态安全教育缺乏系统性、实效性，尊重自然、顺应自然、保护自然的意识尚未牢固树立，社会公众的生态安全意识有待进一步提高。

笔者通过对 121 名大学生进行问卷调查发现，尽管当前大学生已经开始普遍意识到生态问题的严峻性，但仍有部分大学生对于国家安全教育日、环境保护方面的法律法规等生态安全方面的具体知识了解甚少。被调查者中，有85.83%正确选出了全民国家安全教育日的时间，有 14.17% 的被调查者选择了错误答案；同时，关于履行生态保护责任的具体政府部门，56.5% 的被调查者表示不太了解，22.2% 完全不了解，只有不超过 20% 的被调查者认为自己对此比较了解或非常熟悉。此外，关于对生态环境保护组织和个人的了解，调查显示，被调查者中 65.83% 对任何环保组织、68.33% 对个人都不太了解；对于环保方面的法律法规了解程度，57.5% 的被调查者表示不太了解，6.67%完全不了解，有 35% 的被调查者认为自己比较了解，0.83% 非常了解。67.5% 的被调查者表示，他们会偶尔关注生态环境相关知识或新闻，29.17%的被调查者认为自己经常关注，还有 3.33% 表示不关注。关于了解生态安全知识的途径，微博微信等网络媒体占 84.17%，报纸杂志与广播电视占69.17%，学校讲座与课堂占 65.0%，社区宣传占 36.67%，其他占 21.67%。参加环保方面的活动情况，调查结果中有 87.5% 的被调查者偶尔参加环保活动，8.33% 从来不参加，只有 4.17% 经常参加。大学生在日常生活中做得较好的是，被调查者中 71.67% 使用分类垃圾桶，49.17% 使用废品回收站，

---

① 任翠池，张叶锋，赵春颖. 我国的生态安全问题［J］. 轻工科技，2010（7）。

78.33％使用旧衣物回收站，79.17％使用电池回收站。大多数大学生做到了绿色出行，参加的环保活动有植树活动（53.33％）、贴海报（40.83％）、环保知识竞赛（27.5％）、校园环保活动（21.67％）。由此可见，在提升大学生的生态安全意识和参与环保自觉性方面，急需生态安全教育的广泛开展。

三、筑牢祖国北疆生态安全屏障，全面提高内蒙古生态安全保障能力

筑牢祖国北疆生态安全屏障不仅是内蒙古的责任，也是内蒙古迈向高质量发展的必由之路。肩负起、履行好维护国家生态安全的重大政治责任，筑牢祖国北疆生态安全屏障，应进一步全面提高生态安全保障能力。

1. 完善生态安全相关法律法规，提升生态安全监管能力

"生态文明"写入宪法，组建生态环境部，为美丽中国建设奠定了坚实的管理体制基础。针对生态安全相关法律法规及标准缺失，应加强生态安全的法治保障，提升监管能力。

一是要加强立法工作。在宪法指导下、在现有各类法律法规基础上，推进立法体系的协调和统一，立足生态安全需求，健全生态安全法律支撑体系，制定专门的生态安全综合性法律，规定生态安全的基本政策、法律制度、保障机制，对现有的环境资源法的体系进行重塑，对现行的各个环境资源法律中规定不一致的内容进行修改。

二是要加强执法工作。对于事关生态安全的重大事件，要开展多部门联合执法，并构建符合生态安全要求的环境监管法律制度。

三是要提升政府监管能力。维护生态安全，是当今社会最大的公共需求和公共利益，也是各级政府责无旁贷的责任。各级政府要提高统筹发展和安全的能力，强化自身生态安全责任，建立生态安全责任问责制，保证政府生态安全责任的落实。把生态安全责任作为各级政府政绩考核的重要指标，加大生态安全责任指标在政府年度绩效考核指标体系中的权重，设置生态安全责任指标优先考核和达标基准；各级政府要进一步强化对饮用水与食物安全、空气质量与绿色环境等领域安全监督管理的全覆盖，提升生态安全监管能力。

2. 构建生态安全协同治理体系和部门联动机制，提升监测预警能力和科技支撑能力

筑牢祖国北疆生态安全屏障，全面提高内蒙古生态安全保障能力，需要全社会凝聚形成巨大的合力。加强平台建设与技术研发，畅通信息发布渠道，不仅是实现多部门协同联动的基础，也是提升生态安全保障能力的重要条件。

一是要把国家安全贯穿社会发展各领域和全过程，不仅要精准应对自然灾

害等传统安全风险，还要做好新兴技术、生物技术等非传统安全风险应对工作。要充分认识到新发展阶段生态安全风险的复杂性，构筑起事前、事发、事中和事后的全流程生态安全治理体系，形成包括党组织、政府、社区、居民、社会组织、企业等利益相关主体在内的多元化协同治理合力和部门联动机制，调动多元主体的积极性，实现对内蒙古生态安全的共同治理。

二是要坚持党总揽全局协调各方的核心地位，发挥政府、企业和社会各方面的积极性，特别是要加强基层治理主体，包括乡镇政府和基层群众自治组织的力量，提高基层治理主体服务能力以及对各类生态安全风险识别排查、分析评估、监测预警，资源储备与调配，社会动员和组织协调，风险应对、处置能力。通过多主体的参与，加快地方之间、部门之间联动机制建设，使政府、社会和企业协调联动联防联控。

三是要善于把大数据、人工智能等现代化科技与内蒙古生态安全治理深度融合，发挥科技支撑作用，整合各地区各部门条块化的信息资源，建立数据驱动、人际协同、跨界融合、共创分享的一体化生态安全评估预警体系和应急管控数字化平台。综合采用空间分析、信息集成、"互联网＋"等技术，构建生态安全综合数据库，通过对生态安全现状及动态的分析评估，预测未来生态安全情势及时空分布信息，提高跨地区跨部门协同能力，提升信息传达能力，确保信息上传下达的流畅度与准确度，着力提高内蒙古生态安全治理的信息化水平和科技支撑能力，充分保障生态安全。

3. 全面加强生态安全教育，提升全民生态安全意识和应急反应能力

保障生态安全不是一个部门和一部分人的事情，它应是内蒙古各族人民群众、各地区各部门共同的责任。

一是要加强全民生态安全教育的宣传教育力度。要把加强生态安全教育作为一项重要工作，在学校、企事业单位、党政机关、社区乡镇全面加强生态安全教育。将生态安全教育纳入各级学校师生、各部门领导干部的教育培训体系，组织编写一批统一规范的生态安全教育培训系列教材，强化生态安全教育培训师资力量的培养，教育引导全体公众对生态安全重要性必要性的认识，加强对国家环保法律法规的了解，号召公众积极参与到维护生态安全的实践中，形成全社会学习宣传生态安全知识和积极参与生态环保活动的良好氛围。

二是要提升全民的生态安全意识和应急能力。要把强化教师、学生、干部、职工、社区居民的生态安全意识和提升生态安全理念纳入教育体制和各地各单位日常工作中，广泛开展防灾减灾日、4月15日全民国家安全教育日等活动。加强生态安全教育平台、基地（场馆）建设，形成全社会学习掌握生态安全应急知识的舆论氛围，培育广大干部群众的生态安全意识，增强全民生态安全素养，积极主动地监督危害生态安全的行为，形成良好的社会法治环境，

筑牢生态安全人民防线。

　　三是要加强对领导干部及专业人员应对突发事件能力的培训，提高处理和控制突发事件的应急反应能力和公众的应急响应能力，进一步健全以专业队伍为基本力量，以专家队伍、企事业单位专兼职队伍和志愿者队伍为辅助力量的应急队伍体系，及时有效地预防、控制和处理各种生态安全突发事件，最大限度地降低自然灾害和生态安全事件的发生及其所造成的损失和影响。

　　内蒙古生态安全屏障建设在国家安全稳定大局中地位重要、责任重大。责任就是大局，使命就是动力。必须牢牢扛起内蒙古在全面建设社会主义现代化国家进程中的重大责任和光荣使命，全面提高生态安全保障能力，建设美丽内蒙古，切实筑牢祖国北疆生态安全屏障，为党和国家工作大局做出更大的贡献。

参 考 文 献

阿拉坦宝力格，2017. 论草原牧区现代化进程中健全生态安全机制的必要性［J］. 中南民族大学学报（人文社会科学版）（4）.

董恒宇，2012. 筑牢我国北方重要生态安全屏障：生态文明战略思想在内蒙古的实践［J］. 环境保护（10）.

董世魁，吴娱，等，2016. 阿尔金山国家级自然保护区草地生态安全评价［J］. 草地学报（7）.

高军靖，2013. 呼伦贝尔草原生态安全评价研究［D］. 北京：中国环境科学研究院.

侯向阳，祁智，等，2019. 加快构筑北方草原生态安全屏障产业和技术融合发展体系的思考［J］. 草业科学（11）.

刘依川，陈志彤，2019. 福建省草地资源生态安全评价［J］. 福建农林大学学报（自然科学版）（7）.

刘钟龄，2017. 北方草原生态安全与绿色产业基地的发展［J］. 内蒙古大学学报（自然科学版）（4）.

陆波，方世南，2020. 习近平生态文明思想的生态安全观研究［J］. 南京工业大学学报（社会科学版）（1）.

马秀梅，2019. 坚持绿色发展保护草原生态：内蒙古草原生态保护修复成效显著［J］. 内蒙古林业（11）.

任翠池，张叶锋，赵春颖，2010. 我国的生态安全问题［J］. 轻工科技（7）.

石泰峰，2022. 把祖国北部边疆风景线打造得更加亮丽［J］. 求是（6）.

史娜娜，肖能文，王琦，等，2019. 锡林郭勒盟生态安全评价及生态调控途径［J］. 农业工程学报（9）.

孙绍骋，2022. 在全面建设社会主义现代化国家新征程上书写内蒙古发展新篇章［J］. 实践（9）.

孙英彪，哈凯，门明新，2016.CACE 模型及其在生态安全格局优化中的应用［J］. 农业工程学报（11）.

田美荣，李晓兵，等，2014. 内蒙古典型草原生态安全评估及影响因子分析［J］. 水土保持研究（10）.

王斌，2021. 草原生态修复与治理问题研究［J］. 草原草业（11）.

徐海鹏，焦亚鹏，等，2018. 基于物元模型的高寒草原生态安全评价：以天祝牧区为例［J］. 草原与草坪（12）.

鄢继尧，赵媛，2020. 近三十年我国生态脆弱区研究热点与展望［J］. 南京师大学报（自然科学版）（4）.

闫宝龙，吕世杰，等，2019. 草原生态安全评价方法研究进展［J］. 中国草地学报（9）.

张敏，2021. 内蒙古边境牧区生态安全屏障建设路径研究［J］. 内蒙古社会科学（5）.

张文娟，2013. 基于草原生态安全条件下土地利用调控与对策：以内蒙古锡林郭勒盟为例［J］. 行业经济（3）.

张永利，吴宜进，王小林，等，2016. 内蒙古贫困地区生态安全评价及空间格局分析［J］. 地球信息科学学报（3）.

张银花，博士，教授，现任内蒙古农业大学人文社会科学学院院长。本文系内蒙古自治区哲学社会科学规划项目"习近平总书记关于生态安全的重要论述和在内蒙古的实践研究"（2021NDA072）、内蒙古高校创新团队发展计划"内蒙古草原生态安全保障能力研究"（NMGIRT2218）研究成果。

美丽乡村建设视角下农村垃圾分类与人居环境优化研究

——基于内蒙古自治区农牧业交错带公合成村的调查

尚艳春

随着脱贫攻坚战取得全面胜利，中国农村摆脱了贫穷落后的面貌，改善乡村环境，建设生态宜居的美丽乡村也成为下一步乡村建设的重点任务。党的十九大报告明确将"生态宜居"作为乡村振兴的总体要求之一，并在《中共中央国务院关于乡村振兴战略的意见》中提出，要"加强农村突出环境问题综合治理，持续改善农村人居环境"。2018 年，中共中央办公厅、国务院办公厅印发的《农村人居环境整治三年行动方案》更是以农村垃圾、污水治理和村容村貌提升为主攻方向，提出加快补齐农村人居环境突出短板和进一步提升农村人居环境水平的行动目标。然而，根据住建部测算数据，2017 年，我国农村生活垃圾人均日产量约为 0.8 千克，年产生量 1 800 亿千克；2013—2017 年农村生活垃圾年均增长 9.48%，其中至少 700 亿千克以上未做任何处理；与城市相比，农村生活垃圾的无害化处理率仅为城市的一半，十多个省市的处理率不足 50%，有少数省区甚至不足 10%。与城市相比，农村垃圾分类的形势更为严峻，要求更为迫切。

农村垃圾数量的快速增长与美丽乡村建设要求明显不符，这一问题已成为学者们关注的重点。蒋培等根据自己的实际调研，从农村垃圾分类的制度、实施等层面指出当前农村垃圾分类存在的问题、原因，并从综合治理角度提出了具体建议；吴雄和孙天一在剖析农村垃圾分类内外影响因素的基础上，重点总结了浙江省金华市、湖南省宁乡市，以及湖南省长沙县等地农村垃圾分类的成功经验，以此证明农村实现垃圾分类的可行性。更多学者则根据中国农村的地域特色、社会环境等方面特征分析垃圾分类的优势和挑战，并根据不同的地域实践提出具体对策。例如，孙旭友以浙江省 X 镇为例指出农村垃圾分类具有熟人社会监督、"两委"领导、生活习惯特征等方面的网络、组织和文化优势，只要辅之以一定的技术和管理支持便能激发垃圾分类的潜在优势。孙旭友的观点得到蒋培、许骞骞等人的认可，他们也认为农村垃圾分类具有自身独特的内源优势，农村垃圾分类与农村固有的文化、社会生活传统具有内在一致性。通过已有研究不难发现，相对于城市，虽然农村垃圾分类起步较晚，但是也具有自身优势，并且已经在农村垃圾分类、改善乡村环境方面积累了一定的实践经验，探索出了独特的实践道路。然而，我国幅员辽阔，自然条件复杂，南北方生产方式和社会文化差异较大，南方的地域实践经验虽然具有一定的推广、示范价值，但各地有必要根据自身特点积累更为多样化的垃圾分类方法和实地经验。

一、内蒙古自治区农牧交错带垃圾来源及其处理的特点

农牧交错带也称半农半牧带，是我国东部农耕区与西部草原牧区相连接的半干旱生态过渡带，兼有农区和牧区的生产特点。中国农牧交错带的总面积为813 459.06 平方千米，涉及黑龙江、吉林、辽宁、内蒙古、河北、山西、陕西、宁夏、甘肃、青海、四川、云南、西藏等 13 个省（区）的 234 个县（市、旗）。本次调研的公合成村位于内蒙古自治区乌兰察布市四子王旗吉生太镇东北 10 千米处，辖区总面积 84 平方千米，常住人口 297 户 618 人，其中 60 岁以上的老年人口 269 人，主导产业以玉米、马铃薯、肉羊养殖为主，是一个典型的半农半牧区域。半农半牧的特殊生产方式决定了公合成村垃圾来源及其处理方式表现出两方面特点。

（一）农牧混合的经济生产方式造成垃圾来源的多样性

基于特定的自然环境，内蒙古自治区农牧交错带的家庭往往兼顾农业和牧业两种生产方式，农业以播种马铃薯、小麦、莜麦、胡麻等抗干旱作物为主，牧业则利用当地的草场资源饲养牛、羊等大、小牲畜。农牧兼具的生产方式决定公合成村的生产垃圾既包括秸秆、杂草、残株等农业生产垃圾，也包括动物粪便、皮毛等牧业生产垃圾。此外，为了满足农、牧业生产需要，还会产生残留的农药包装袋、牧草捆绑绳等附带垃圾，相对于单纯的农业生产或牧业生产地区，地处内蒙古自治区农牧交错带的乌兰察布市四子王旗公合成村，其生产垃圾更为多样。

（二）生活垃圾处理设施不足，处理方式简单

由于经济能力、生活方式等方面的差异，农村与城市的生活垃圾也存在较大区别，不仅垃圾类型不同，处理方式也较为不同。受到垃圾储运设施限

制，农村生活垃圾往往采取村内堆放、填埋的方式进行处理。村民会根据便利程度自然形成一个垃圾存放点，达到一定数量后由村委会自行运输、填埋，或自然降解。而且，长期受到生活习惯和认知水平的限制，村民对于垃圾处理往往缺少正确的认知，生活垃圾处理比较随意。据公合成村党支部书记介绍，为了做好村容村貌整治工作，他们专门在新村建设过程中设立了固定的垃圾回收点，放置专门的垃圾回收箱，但作用并不明显。村民主动投放垃圾的情况并不多见，他们已经习惯将生活垃圾按照生活习惯自行处置，厨余垃圾用来饲养动物，其他垃圾自行焚烧、丢弃。即使个别村民能够主动将垃圾投放入箱，镇上的环卫部门也没有能力对乡村垃圾进行转运，垃圾箱里的垃圾最终仍然是由村委会统一填埋到村边，严重影响了垃圾处理质量和处理效率。

按照内蒙古自治区统一要求，公合成村自 2016 年开始实施扶贫搬迁，2019 年完成新村建设，村民居住条件和居住环境都得到明显改善。但是，受特定的生产方式和生活习惯的影响，公合成村的垃圾来源和垃圾处理方式仍然表现出较为明显的原始特点，与美丽乡村建设要求仍然存在较大差距，公合成村的美丽乡村建设仍面临诸多挑战。

二、内蒙古自治区农牧交错带垃圾处理的难点和挑战

垃圾分类是垃圾处理的开端，关乎后续垃圾处理的方式选择。从垃圾处理方式和垃圾分类要求来看，内蒙古自治区农牧交错带与全国其他地区的农村相比，既有受村民主体性特征、当地公共设施条件、政策要求等方面影响的共性，又有受特定自然和文化环境带来的行为习惯和人口特征影响的特殊性，这给当地的垃圾分类带来了一定的挑战。

(一) 垃圾处理要求独特，已有分类标准适用度较低

我国的生活垃圾分类存在三分法、四分法和五分法等多个标准，其中四分法最为常见。"四分法"的具体分类各个城市也不尽相同。例如，大连、海口、杭州等城市分为有害垃圾、易腐垃圾、可回收垃圾、其他垃圾四种；上海市和邯郸市分为可回收物、有害垃圾、湿垃圾和干垃圾四种；而其他绝大多数地区则采用可回收垃圾、有害垃圾、厨余（餐厨）垃圾和其他垃圾的分类标准。无论出于垃圾性质和处理方式差异的考虑，还是出于地理理解习惯，以上分类标准都是根据城市生活特性而设置的。农村，特别是内蒙古自治区农牧交错带农村的垃圾处理要求与城市的存在一定的差异。农牧交错带村民具有生产生活一体化的特点，垃圾的主要来源是生产垃圾，生活垃圾数量较少，部分生活垃

圾，特别是厨余垃圾在家庭内部就已经实现循环再利用。但是对于生产垃圾，特别是散户生产造成的生产垃圾目前还未见有详尽的分类标准和专门的处理要求，最终造成农牧交错带村民进行垃圾分类依据缺失、行动迟缓。在与公合成村村民交流过程中发现，他们对已有垃圾分类标准并不认同。据他们反映，生活中的绝大多数垃圾都会通过农牧业生产实现循环再利用，他们的垃圾处理的难点主要在于短时间内无法降解的动物皮毛、大型秸秆等生产垃圾，对于这些垃圾，目前分类标准并不适用，处理方式尚不明确。

（二）村民文化水平偏低，对垃圾分类知识的理解能力有限

垃圾分类是资源节约利用的重要方式，也是环境保护的必要手段。为了做好垃圾分类，国家投入了大量人力、物力、财力进行科学论证和试点经验总结，最后才得以全面推进。然而，在年轻人大量流失、"空心化"严重的情况下，农村以中老年群体为主，他们大都未受过高等教育，甚至高中毕业的人都寥寥无几，就他们当前的文化水平和认知能力来说，很难满足垃圾分类的相关要求。本次调研的公合成村老年人占比超过40%，最高文化程度为初中，大量村民均为小学，他们对垃圾的认识仅分为能不能卖钱、能不能焚烧两类。处理方式是能卖钱的卖钱，不能卖钱的焚烧。即使是具备一定环境保护意识的村民也认为，塑料袋焚烧没有污染农田，已经是最好的处理方式，他们对焚烧后产生的有害气体和空气质量的变化无法充分理解。调研过程中，调查组就曾多次目睹村民焚烧塑料袋的情况，对其进行采访得知，他们认为塑料袋焚烧能够替代一部分燃料，减少支出，至于有害气体，公合成村地广人稀可以忽略不计。因此，有必要根据村民的具体情况制定更便于理解的垃圾分类说明，降低他们对相关知识理解的难度。

（三）专业人员缺乏，垃圾处理能力薄弱

与城市相比，我国农村环卫建设水平较为落后，特别是内蒙古自治区，农村人居环境长期存在制度覆盖不足、基础设施建设滞后的问题。公合成村所在的四子王旗长期处于贫困状态，2019年才"摘帽"脱贫，环境卫生配套建设相对落后，垃圾处理能力较为薄弱。据村党支部书记介绍，直到新村建成，公合成村才有了专职的环卫人员，是旗镇政府雇用的一名贫困户，他专门负责新村的道路清扫，但是因为工资较低，通常每隔两三天才清理一次。而且，村里没有专门的垃圾处理设施，清扫后的垃圾只能堆到村部放置的垃圾桶内或者道路两边。由于缺乏驻村回收垃圾的制度要求和垃圾处理设施，乡镇尚不具备垃圾处理能力，最终村内垃圾无法进入统一处理程序，回收的垃圾既没有分类，也没有进行无害化处理，垃圾回收和处理的环保效果

十分有限。

总之，内蒙古自治区农牧交错带特定的自然环境、经济生产及社会生活特点决定了当地特殊的社会经济条件，形成独特的文化传统和行为方式，给当地垃圾处理和垃圾分类带来一定挑战。但是，也不可否认，农牧交错带自身生产的可循环性在垃圾处理和垃圾分类过程中也具有一定优势，在优化农村人居环境过程中应该得到充分的尊重与挖掘。

三、内蒙古自治区农牧交错带垃圾分类与处理的优势

内蒙古自治区地广人稀，农牧业生产线相对较长，环境治理难度较大，特别是农牧交错带，生产、生活环境更为复杂，面临的人居环境治理压力和垃圾分类挑战更大。但我们也不得不承认，相对于农区和牧区，农牧交错带在垃圾处理和循环利用方面也有自身的特点和优势。

（一）农牧业生产垃圾具有在地化循环利用的优势

从生产垃圾利用层面看，以种植为主的农业和以养殖为主的牧业具有较强的互补性。一方面，牧业生产产生的动物粪便能够为农业提供有机肥料，减少农业化学肥料生产过程中的土壤和空气污染。另一方面，农业生产产生的秸秆、麦草等能够为牧业的牲畜喂养提供饲料，二者结合的生产废物在地化循环利用不仅能够节省农户生产支出，还能减少因生产资料长途运输带来的各种环境成本。在公合成村，除了个别无劳动能力和人口外迁家庭外，留在村里的家庭均从事农、牧业两项生产，并自觉完成生产垃圾利用的户内循环，个别利用效率较高的农户能够实现全部生产垃圾的户内循环使用。

（二）村民生活习惯与垃圾分类要求具有较高的内在契合性

垃圾分类的根本目标是减少垃圾污染源，提高资源利用效率，建设节约型社会。中国社会素有"俭以养德"的道德追求，恪守"勤则不匮，俭则不竭"的社会生活准则，崇尚"克勤于邦，克俭于家"的家国一体的社会伦理价值。相对于城市，农村由于思想意识、经济发展水平等因素限制，更好地保留了勤俭节约的社会传统美德，这与垃圾分类的根本目标具有高度的内在契合性。特别是内蒙古自治区农牧交错带，村民在互补的农牧生产方式和贫弱经济水平的共同影响下，已经养成了朴素的环境保护意识和勤俭节约的行为习惯，只要加以科学指导即可实现垃圾分类和节约发展的政策目标。在党支部的带领下，公合成村村民已经对垃圾分类有了基本认识，并将垃圾循环利用主动融入生产、生活行为之中，期望能够借此减少生产、生活开支，进一步提高和改善自身生

活水平。

（三）乡村"两委"具有较为完善的组织体系和较强的动员能力

村党委和村委会组织处于基层社会治理的关键节点，是基层政府与村民沟通的桥梁，承担基层社会治理政策执行的基础责任。根据《中国共产党农村工作条例》要求，乡村振兴过程中要坚持农村基层党组织领导地位不动摇，乡镇党委和村党组织全面领导乡镇、村的各类组织和各项工作。2019 年中央 1 号文件提出推行村"两委"班子成员交叉任职，加强党支部对村级集体经济组织的领导，给农村的"两委"建设提供了新力量，注入了新活力。根据国家相关制度要求，公合成村建有完善的村党委和村委组织，精准扶贫政策实施后，在村"两委"的带领下，各方面条件得到显著改善，村民对村"两委"的组织信任均得到大幅提升，村"两委"的组织基础及其对村民的动员能力显著增强，村"两委"有能力带动村民积极参与垃圾分类和垃圾处理行动。据村支部书记介绍，脱贫以后，他们不仅将改善村内环境作为工作重点，也将村民教育纳入工作日程，定期开展有关环境保护和垃圾处理的科学知识宣讲，借此提高村民环保认识，改善村居环境。

（四）公司化经营正在取代散户经营，生产垃圾管理更为规范

与全国其他农村地区情况相同，内蒙古自治区农牧交错带也存在较为严重的年轻人流失和"空心化"问题，特别是公合成村，由于经济发展长期滞后，年轻人大量流失，"空心化"程度超过 50%。然而，幸运的是，在精准扶贫工程实施过程中，公合成村已经实现了部分土地的集约化利用，不仅弥补了劳动力不足问题，也减少了散户经营带来的环境压力。目前，已经有两家企业进驻公合成村，一家企业以承包林地为主，另一家企业则计划启动农牧业产品的循环生产和废物再利用的综合性工业建设工程，将生产、生活垃圾纳入规范化管理，实现资源的本地化循环利用，为垃圾分类政策的推行和垃圾规范化处理提供便利条件。

四、内蒙古自治区农牧交错带完善垃圾分类、改善人居环境、建设美丽乡村的建议

2018 年，中共中央办公厅、国务院办公厅发布《农村人居环境整治三年行动方案》，明确要求加快推进农村生活垃圾治理，建立健全符合农村实际、

方式多样的生活垃圾收运处置体系，有条件的地区推行垃圾就地分类和资源化利用。根据政策要求，内蒙古自治区农牧交错带有必要结合自身实际，充分发挥自身优势，制定适宜的垃圾分类和人居环境改善措施。

首先，建立城乡互助的联动制度，增强农村垃圾处理能力。专业人员缺乏、基础设施薄弱是农村垃圾分类、建设美丽乡村的重要制约因素。为了解决这一问题，一方面，借助乡村振兴的政策力量与相关单位合作，通过柔性化方式引进垃圾分类的专业人员对村民进行指导和培训；另一方面，争取政府和相关部门的资金支持，将城镇的环卫服务向农村延伸，增强农村垃圾的回收能力，提高垃圾处理效率，通过建立城乡垃圾处理的互助联动制度实现美丽乡村建设目标。

其次，出台适于农牧业混合生产的垃圾分类标准，提高垃圾处理效率，明确特殊地域的垃圾处理要求。目前，我国农村垃圾分类仍处于起步阶段。虽然个别地区已经开始试点，并总结了一定的成功经验，但是中国国土面积辽阔，各地自然条件差异较大，内蒙古自治区农牧交错带需要根据本地区的生产、生活特点，出台适宜的垃圾分类标准，科学、系统地做好农牧交错带环境规划，设计农牧业垃圾分类和处理方案，提升农牧业垃圾的转换利用水平，提高垃圾处理效率。

再次，成立专门的农村垃圾分类宣传机构，提高农民垃圾分类意识和垃圾分类能力。以公合成村为代表的内蒙古自治区农牧交错带的村民，他们不缺少垃圾分类的主观能动性，只是缺少垃圾分类的相关知识。对此，有必要成立由村"两委"委员、村民积极分子和垃圾分类相关部门组成的垃圾分类宣传机构，将垃圾分类相关部门的专业优势与"两委"委员和村民积极分子的组织优势相结合，特别是要发挥后者的带头作用，为村民进行垃圾分类的宣传、讲解和示范，推动乡村环境改善，建设宜居乡村。

最后，扩大农牧业循环生产覆盖范围，加快乡村建设步伐。农村土地的集约化和规模化经营，是我国农村土地改革的方向和保证农业未来发展的基础。长期以来，内蒙古自治区农牧交错带的生产经营均以分散经营为主，不仅不利于产品效益的规模化提升，也带来诸多生产要素的重复性投入，造成一定程度上的生产浪费。因此，从生产节约化角度出发，内蒙古自治区农牧交错带有必要大规模引入驻村企业，提高农牧业生产垃圾的循环使用效率，实现农牧业生产和垃圾处理的一体化协同，提高内蒙古自治区农牧交错带垃圾处理能力，加快美丽乡村建设进程。

垃圾分类是中国美丽乡村建设的重要内容，也是乡村振兴的必要举措。党的十八大以来，多地已经探索出了农村垃圾分类的成功模式和操作方法，有效地改善了当地农村人居环境，提高了宜居程度。然而，中国地大物博、南北差异较大，不同的生产方式和文化认知对垃圾分类的实践要求和实践方法各不相同。内蒙古自治区农牧交错带基于自身的生产、生活、文化禀赋，在垃圾分类的要求上与城市、农村和牧区表现出较大差异。内蒙古农牧交错带虽然在实践中已经初步摸索出农—牧联动、生活—生产联动的垃圾分类和垃圾处理模式，对改善农村人居环境发挥了积极作用，但是仍然缺少相关的政策标准和实践支持，距离大规模推广仍有差距，需要发挥政府、企业、基层组织以及村民等多方面力量共同关注和持续投入。

——— 参 考 文 献 ———

操建华，2019. 乡村振兴视角下农村生活垃圾处理 ［J］. 重庆社会科学（6）：44－54.

丁继，于萨日娜，2021. 农户生计视角下农牧交错带农牧系统耦合研究：以内蒙古科左后旗为例 ［M］. 北京：中国经济出版社.

蒋培，2020. "熟人社会"视域下生活垃圾分类的社会逻辑阐释：基于浙江六池村的经验研究 ［J］. 兰州学刊（12）：172－180.

蒋培，胡榕，2021. 农村生活垃圾分类存在的问题、原因及治理对策 ［J］. 学术交流（2）：146－456.

蒋平，2018. "垃圾包围农村"农村垃圾处理前景广阔 ［EB/OL］. ［2018－05－04］. ht-tps：//huanbao. bjx. com. cn/news/20180504/895526. shtml.

科技部，2006. 中国农牧交错带总面积逾81万平方公里 ［EB/OL］. ［2006－7－7］. ht-tp：//www. most. gov. cn/gnwkjdt/200607/t20060706_34683. htm.

李婧，王雪，李丽，等，2021. 2018—2020年内蒙古自治区农村环境卫生调查结果分析 ［J］. 现代预防医学，48（23）：4249－4251，4264.

孙旭友，2021. 垃圾分类在农村：乡村优势与地方实践 ［J］. 中国矿业大学学报（社会科学版），23（6）：79－88.

王志伟，2012. 我国农村土地集约化的路线选择 ［J］. 农业经济（5）：108－109.

吴雄，孙天一，2019. 我国农村垃圾分类和集中处置的现状与模式探讨 ［J］. 环境保护，47（12）：26－30.

许骞骞，王成军，张书赫，2021. 农户参与对农村生活垃圾分类处理效果的影响 ［J］. 农业资源与环境学报，38（2）：223－231.

张蓓佳，2021. 中国城市生活垃圾分类政策的结构特征：基于46个试点城市的政策文本分析 ［J］. 中共福建省委党校（福建行政学院）学报（1）：134－143.

尚艳春，讲师。本文系内蒙古高校创新团队发展计划"内蒙古草原生态安全保障能力研究创新团队"（NMGIRT2218）、内蒙古自治区高等学校科学技术研究项目"新文科背景下社会工作专业培养方案的课程体系设计及创新实践"（NJSY21497）、内蒙古农业大学教育教学改革研究项目"高校学业困难学生的识别与帮扶——社会工作专业方法的拓展性应用"（SJJX202018）的阶段研究成果。该文发表于《内蒙古农业大学学报（社会科学版）》2022年第5期。

社会工作视角下环境保护
组织发展问题研究

——基于对阿拉善 SEE 生态协会的调研

路冠军

一、绪论

近年来，党和国家高度重视生态文明建设，绿色发展理念日益深入人心，生态环境保护上升到了一个前所未有的高度；习近平总书记更是勉励内蒙古"要探索以生态优先、绿色发展为导向的高质量发展新路子"。在这一过程中，诞生了一大批环境保护组织，这类组织在社会中扮演着重要角色，发挥着多重功能，推动着国内环境保护工作的完善，不断为人们提供更高品质的生态服务，打造舒适宜居的生存空间。但是，随着环境保护组织的数量和规模的不断扩大，对于环境保护组织相关的制度没有及时健全完善，以及环境保护组织自身所存在的问题，使得一部分环境保护组织在发展的同时，问题不断地显现，严重影响了自身发展，制约了服务质量的提升。现在的居民又迫切希望环境保护组织能够扛起肩上的责任，发挥积极作用。在此背景下，社会工作的价值理念、专业方法与环境保护组织极其接近，社会工作可以尝试介入环境保护组织发展，将专业的方法和技巧融入、运用到环境保护组织的日常工作与服务中，从而提高服务质量。

习近平总书记在党的十九大报告中指出，"构建政府为主导、企业为主体、社会组织和公众共同参与的环境治理体系"。在此背景下，本文选取阿拉善 SEE 生态协会为个案进行分析，探寻其在实际发展过程中所遇到的问题与困境，并从社会工作视角出发，探讨该组织的未来发展的方向和改进的措施；同时，探讨社会工作如何帮助环境保护组织树立社会公信力，总结出一套适合环境保护组织和社会工作相辅相成、互利共赢的方法与经验，最终可以为社会工作在环境保护组织中的应用与发展提供经验借鉴。之外，也可以探索新的社会工作专业领域，促进社会工作的职业化、多元化、本土化发展。

二、社会工作专业与环境保护组织发展的契合性分析

（一）理念功能的契合

社会工作在遵循利他主义与助人自助原则的基础上，开展各项工作。社会工作的实质就是在一定的专业伦理以及制度框架内，基于社会生态系统、赋权增能等理论视角，致力于增强弱势群体的自我发展能力。在此过程中，社会工作者要与弱势群体的受助者共同经历、感受并成长。环境保护组织的根本属性就是公益性，通过筹集资金、调动资源等方式，然后实施救济，以此帮助更多的弱势群体，同时达到保护环境的目的。两者拥有相近的价值理念，均奉行"以人为本""利他主义"等。

理念一致的基础上，二者还拥有相似的社会功能。政府对于社会弱势群体的救助大多是普惠、无差异的，社会工作的功能集中体现在对困难和弱势群体提供具体的、针对性的物质资助，帮助弱势人群走出心理和精神困境，增强自身的各项素质以应对各类挑战，为他们链接所需要的资源、创造和谐的社会环境，促进其健康成长。而环境保护组织也是在致力于帮助"环境弱势群体"，面对生态环境问题，寻求治理之道，促进人与自然和谐发展。所以，社会工作和环境保护组织在功能方面均发挥着相似功能，弥补政府对于社会公共服务领域和环境治理方面的缺陷与不足。

（二）工作方式的契合

社会工作专业非常强调资源链接能力，因为没有资源，再好的服务也无力实施。一方面，服务对象的困难和需求是复杂多样的，而社工的能力、精力以及机构的服务经费是有限的，因此我们需要链接专业人士、志愿者资源，共同帮扶服务对象解决问题。另一方面，通过资源链接，可以倡导更多的社会力量参与到社会服务过程中，营造社会互助的氛围。总之，在社工服务的过程中，社工不是包揽一切，而是资源协调者，需要学会发掘资源、整合资源、运用资源，从而促进服务对象问题的解决。与之类似，环保组织也需要整合社会资源，吸引社会公众关注生态环境保护问题，链接相关的资源，加大生态环境保护的投入，弥补政府在人力、物力上的不足。因此，社会工作相关的资源链接技术可以运用到环保组织的运行过程之中。

（三）工作方法的契合

社会工作的专业方法包括个案工作、小组工作、社区工作以及行政工作。这四大类工作方法是社会工作开展工作的重要手段，需要根据实际情况选择运

用。环境保护组织在进行活动时，也要根据当地居民的实际情况，选择合适的工作方式与方法。组织开展环保行动时，可以通过个案工作、小组工作等方法启发当地居民的生态保护意识，培养锻炼他们的自主参与能力，同时，又可以借助社区工作方法，整合社区资源，组建环保志愿者队伍，推动环保行动，确保行动成效。例如，SEE 在阿拉善种植梭梭时，选择苏海图嘎查为试点，利用社区工作的方法开展活动，成绩斐然。之外，还可以借用社会工作行政的专业方法，链接政府、社会的相关资源，开展政策倡导等方面的工作，推动环境保护工作。

综上，社会工作专业与环保组织发展之间存在着高度的契合性。目前国内环境保护组织发展相对滞后，除了受到外部因素的制约以外，自身内部建设不足也是重要原因之一。清华大学 NGO（非政府组织）研究所通过长期调研，整理得出，目前国内环境保护组织发展面临的自身内部建设问题中，位居前三位的分别是缺少长期稳定的必需资金、缺少政府行政力量支持、缺少专业人才资源，导致对于活动的指导开展，缺乏专业理论支持、缺少专业手段技巧。社会工作专业的学生，能够将专业的理念和工作方法运用到环境公益组织的服务过程之中，使得环保公益组织的服务行为更加系统、科学和专业，从而更容易得到社会公众的认同。总之，环境保护组织是实践社会工作价值理念的重要载体，为社会工作专业提供了发展的平台，进一步确立了环境社会工作的专业发展方向，而社会工作也为环境保护组织提供了科学系统的指导，二者可以融合发展，不断完善服务内容与方向，让环境保护组织的各项活动得到社会群众的认同支持，推动环境保护组织向专业化、现代化方向发展。

三、SEE 生态协会发展概况

（一）背景起源

2001 年，中国知名企业家宋军先生斥资五千余万元，在内蒙古自治区阿拉善左旗境内成立了月亮湖生态旅游景区，闻名国内，随后吸引了一大批企业家来大漠之中观光游玩，如北京首创集团总经理刘晓光、盘龙云海药业集团董事长焦家良、巨人投资公司董事长史玉柱、联想控股的创始人柳传志等。在游玩过程中，企业家们感受到了阿拉善荒漠化问题的严重性，沙尘暴唤醒了他们的社会责任感，他们决定要从自身做起，为阿拉善的环境保护和生态治理做出贡献，减少甚至遏制沙尘暴的发生，同时带动更多的企业家参与其中，主动承担社会责任，为阿拉善地区以及全国的环境治理和恢复贡献一分力量。2004年 6 月 5 日，在世界环境日这一天，近百位企业家齐聚阿拉善腾格里沙漠，成立了中国第一个由企业家共同发起的环境保护组织——阿拉善 SEE 生态协会（以下简称"SEE"）。名称中的"SEE"分别代表责任（Society）、企业家（Entrepreneur）和生态（Ecology），意味着企业家们要承担起保护和恢复生态环境的责任。阿拉善 SEE 生态协会是会员制的 NGO（非政府组织），同时也是具有公益性质的环境保护组织，奉行非营利原则。

创始会员共同制订章程，捐赠年限达到十年，无论个人会员还是单位会员，均自动成为终身会员，但是要求会员每年必须缴纳会费，并向阿拉善 SEE 基金会进行非定向捐赠，两项合计不少于 10 万元，用于治理阿拉善的沙尘暴，恢复生态环境，推动人与自然和谐共生的可持续发展。阿拉善 SEE 生态协会主要以阿拉善盟为起点、以人与环境的可持续发展为理论指导，在追求生态、经济、社会三大效益统一的基础上，利用社区综合治理的方法，带动更多企业家承担社会责任和环境责任，减少沙尘暴的频次，逐渐恢复生态环境。

（二）发展状况

截至 2019 年 3 月，SEE 共有企业家会员 905 名，在全国范围内成立了 24 个项目中心，直接或间接资助了 550 余家中国环境保护组织和机构。2008 年 SEE 成立了阿拉善 SEE 基金会，随后该基金会在 2014 年升级为公募基金会。2018 年 SEE 再次发起成立深圳市阿乐善公益基金会，共同推进中国民间非政府环保组织的发展，以多元化的方式为环境保护组织提供长期稳定的资金。已正式启动的有"一亿棵梭梭""任鸟飞""创绿家""任小米""卫蓝侠""劲草同行""诺亚方舟""三江源保护""绿色供应链""留住长江的微笑"等品牌项目。2018 年 SEE 被《中国慈善蓝皮书》评选为"2008—2018 中国公益慈善十年十大热点"。

SEE 在阿拉善地区开展的重点项目为"一亿棵梭梭"，该项目预计在 2014—2023 年，用十年时间，在阿拉善盟种植一亿棵梭梭，守护超过 200 万亩土地，恢复植被，从而改善生态环境，遏制荒漠化蔓延趋势。截至 2018 年底，在阿拉善累计种植以梭梭为代表的沙生植物达到 91.7 万亩。中科院寒区旱区环境与工程研究所和阿拉善林业治沙研究所共同编制的《"阿拉善 SEE 一亿棵梭梭"阶段性生态影响评估报告》指出：项目实施后，梭梭生长态势良好，多样性指数逐渐增加；地表粗糙度加大，有效降低风速，防风固沙作用明显提升；对当地的旅游、文化发展和促进就业发挥了重要作用，社会效益、生态效益和经济效益逐步增加。报告认为该项目科学合理，已实现第一阶段的预期目标。

（三）社会工作视角下 SEE 取得的成绩

1. 强化企业社会责任

企业社会责任是指企业在创造利润、对股东负责的同时，还应承担起对劳动者、消费者、环境、社区等利益相关方的责任。改革开放以来，伴随着市场经济的发展，过度强调企业经济责任，使得企业承担的社会责任被忽视。SEE具有较强的社会责任感，在约束自身的同时，还监督制约会员企业，强化企业社会责任意识。2018年4月，圣象集团有限公司及体系内的多家关联企业在生产过程中，排放废气，严重影响生态环境，产生负面影响。阿拉善SEE华东项目中心高度重视，与圣象集团开展为期三个月的讨论协商，未能达成一致。2018年7月，经SEE生态协会理事会表决通过决议，决定取消圣象集团会员资格。此举显示出SEE治理污染、恢复生态环境的决心，使各大企业从此更加严格要求自身做表率，积极承担社会责任。在此基础上还设立"SEE生态奖"，每两年颁发一次，激励更多的组织投身环保事业；成立生态基金会，资助其他环境保护组织，以便顺利开展环保项目。

2. 社区可持续发展理念的应用

荒漠化防治的过程中肯定会碰到生态保护与牧民生计的博弈困境，要促进生态环境治理的可持续发展，就必须尊重社区居民的主体性，注重保护他们的可持续生计，突破保护与发展困境。SEE在开展工作的时候，逐渐将可持续发展理念作为其工作指导，在阿拉善部分地区开展社区试点项目，利用社区综合治理的方法，调整内部的经济关系，保障农牧民的经济收益，通过不断合作探究，发展了环境保护项目下的衍生产业，在适宜地区的梭梭下种植苁蓉，增加相关群体的收益，从而增加可持续发展的机会。例如，2018年阿右旗曼德拉苏木浩雅日呼都格嘎查农牧民累计栽种梭梭6万亩，接种肉苁蓉7 000多亩，人均增收2 000余元。

3. 走出了一条多元生态治理的路径

生态环境治理复杂性、公益性的特点决定了各级政府要发挥主导作用，提供政策支撑和资金来源。但是，单纯政府主导下"强制—命令"型的环境治理具有效率相对低下等缺陷，需要致力于形成多元主体"参与—回应"型的环境治理模式。SEE打破了常规的以政府为主导的治理模式，走出一条政府主导推动、社会组织与居民参与、企业介入的新路径，多方参与、公开透明的模式带动了社会更多的力量投入环境保护中。相对于过去政府强制主导而言，这样的工作机制更加灵活，可以因人而异、因地制宜、因时制宜，同时带动地方政策支持，并推动相关政策完善。同时SEE具备一定的链接资源能力，与时俱进，与支付宝合作，成为蚂蚁森林的首个公益合作伙伴。截至2019年4月22日，支付宝的蚂蚁森林用户数超过5亿，累计种植并养护真树超过1亿棵，从卫星上也能看到绿色改变。同时，SEE与苹果公司合作，苹果公司开展Apple GiveBack回馈计划，在规定时间段内，每回收一部Apple设备，就会向SEE做出捐款。通过苹果公司的捐助，SEE已为中国的20家NGO提供了资助，意义重大。

四、社会工作视角下 SEE 生态协会发展问题探析

　　随着人们环保意识的增强，环境保护组织在社会公共服务领域中发挥着越来越重要的作用，比如推进生态文明建设、保护城市环境，实行可持续发展战略等。俗话说，打铁必须自身硬，环境保护组织想要顺利并长久开展工作，自身的建设发展与活动开展过程中的手段技巧使用显得格外重要。如果环境保护组织自身都不能健康持续发展，那么将会制约其对于环境保护方面的作为，无法发挥应有的价值，无法实现作用和功能。SEE 开展的各项活动，都是为了人类能够拥有更好的生存发展环境，尽管取得了相应的成绩，但是由于各方面发展不成熟，政策措施不能及时贯彻执行，依旧存在一定的问题。本段内容将从社会工作视角下分析 SEE 存在的问题，包括人本主义视角、优势视角和资源依赖视角等。

（一）忽视当地居民主体作用

　　人本主义理论坚持"以人为本"，各项活动的开展要将服务对象看作主体，明确他们的主体地位，同时要尊重他们的不同要求、特殊想法，要平等对待他们。

　　当前，环境保护以及生态治理工作的开展，需要政府、企业、环保组织以及当地居民等相关利益主体相互协调配合，沟通交流。然而目前 SEE 开展的各项工作中，对相关利益主体的认识不清，忽视了当地居民对于环境保护工作的主体能动作用。协会在制定项目活动时，缺乏对居民意见的收集，导致制定的相关政策不符合当地的实际情况，项目开展过程中当地居民出现不满情绪，矛盾不断升级，影响最终活动效果。例如 2014 年 10 月 6 日在阿拉善盟地区开展的"一亿棵梭梭"项目，该项目主要是在牧区通过种植梭梭、红柳、肉苁蓉，以及飞播草籽，进而建立保护区，遏制沙尘暴的发生，恢复天然生态屏障，阻断阿拉善境内三大沙漠的交汇。该项目看似面面俱到，但最重要的是忽视了参与项目的农牧民的利益。SEE 在该项目的具体实施过程中，急于求进，为了提前完成 10 年种植 1 亿棵梭梭的目标，连同当地社区大规模建设围栏，大幅度挤压农牧民生存空间，从而建设梭梭种植保护区，单兵突进地搞环境保护，忽视了农牧民因此受到的利益损失，生存空间的减少使得农牧民的生计出现问题，二者矛盾逐渐加剧，此举违背了人本主义视角下的"以人为本"的原则。

　　同时，SEE 将当地人民当作环境的破坏者，而非保护者，不但没有做到

环境保护组织应做到的宣传教育，普及并提高环保意识，反而只是简单地将当地人作为劳动力，雇用他们种植梭梭，完成自己的目标。为了了解阿拉善当地居民对于 SEE 的认识以及参与环境保护的意愿情况，2019 年 2 月到 3 月随机对当地居民发放纸质问卷，进行抽样调查，共计 130 份，问卷回收率高达100%，有效问卷回收率 97.7%。其中 95% 的居民表示愿意主动参加环境保护活动，有着较强的参与意愿；其中仅有 14.2% 的居民参与过阿拉善 SEE 生态协会组织的活动；在最后一道开放式问题中，有 54.3% 的居民提到类似于"加大宣传力度、开展更多活动、想要参与其中"的建议。

（二）资源链接能力有限

1. 资金来源渠道单一

环境公益组织奉行非营利原则，没有收入盈利渠道的组织，资金对于他们来说格外重要，缺少资金，就相当于缺少"血液"，无法使整体协调运转，缺乏活力。资金不足导致环境保护组织发展受到制约，无法完成生态恢复与环境保护工作，无法提供完善的服务，无法完成后续的补贴发放，久而久之，也就失去了存在的价值与意义。资源依赖理论认为由于环境的不确定性和资源的匮乏性，组织为了减少和避免因环境变化带来的冲击，进行了一定的策略调整，使组织具有能动性，主动追求更多的资源。阿拉善 SEE 生态协会拥有大量的会员，长期依赖企业家每年固定的捐赠，便可维持协会的正常运转，从而不再主动争取资源以保障自己的利益与活动开展，错失了链接资源的大好时机。近年来，阿拉善 SEE 生态协会为了发展，不断扩展活动项目，加大资金投入，使得支出远超收入，资金也就出现了困难。

SEE 筹集资金的渠道单一。一般的环境保护组织资金来源大致有以下几方面：第一是环保效果明显，影响较大，成绩突出，可以获得政府的奖励性资金。但是，SEE 还在发展阶段，获得政府拨付项目的机会较少，缺少获取资金的机会，同时，由于其在农牧民心中的形象并不是很好，存在一定的信任危机，而且对于治理沙尘暴和恢复生态环境的效果并不理想，现实成果和预期效果差距较大，不符合政府的政策奖励条件，从而也就缺失了政府奖励的资金。第二是由于 SEE 处于兴起阶段，且是由企业家自下而上发动成立的环境保护组织，缺少与政府的联系，难以获得政府的委托项目，因此也就无法得到相应的资金支持。

SEE 大多与相类似的环境保护组织或者基金会进行交流合作，这类组织同样缺少资金，所以 SEE 也就难以从这些组织中获得支持与投入。SEE 和企业的关系比较难以建立，除了性质的不同以外，SEE 具有对污染环境的企业进行监督制约的作用，导致大部分企业不愿为他们进行资金支持与投入。综合这些因素，由于 SEE 生态协会性质的特殊性以及自身处在发展阶段中，使其在社会服务领域获得资金支持较难。

2. 链接资源类型单一

前文提到 SEE 与蚂蚁森林、苹果公司有合作，感觉其有能力链接资源，实际上均是被动参与，自身缺乏有创意的项目，缺少吸引投资的活动。政府对 SEE 的直接投入资金不足，二者缺乏联系与交流，SEE 对于社会的贡献没有得到当地政府的足够重视与信任，必然导致政府对于组织的投入不足。在对 SEE 的负责人 XX 进行访谈后得知，SEE 在阿拉善盟境内开展的各项环境保护和生态建设活动，虽然获得了阿拉善盟民政局、林业和草原局、科学技术局以及阿拉善左旗、右旗、额济纳旗各大局的支持和帮助，但是均未获得资金支持，只是得到各单位运用行政职能准许 SEE 进入相关项目区域开展工作的许可，并运用行政权力促使相关社区配合工作的开展。由此得知，SEE 链接资源能力的不足，导致政府与环境保护组织之间缺少直接的联系，互动较少，缺乏更深层次的合作。

在实际运作中，除了经济资源链接存在问题，人力资源方面也存在问题，SEE 自身专业人才队伍建设较落后，相应的专业人才流向政府与企业，最后留在社会组织中的人员均缺乏专业知识与相应的能力，整体素质较低。同时，对活动开展过程中所招募的基层实施人员专业要求不高，也未能进行培训教育，导致项目常常不能顺利开展。

（三）缺乏专业方法的介入

SEE 作为一个环境保护组织，必须掌握大量的环境保护资源，包括了解环境的破坏程度、了解环境保护的相关政策、了解相应的服务模式等。在问卷调查中发现，56.7％的居民不曾了解 SEE 的主要活动"十年种一亿棵梭梭"；54.3％的居民认为该协会宣传力度不足，39.3％的居民认为当地人参与不足。此数据说明 SEE 对于政府发布的环境保护及生态恢复政策，未能全面向居民普及，使人们及时准确了解相关政策。同时，SEE 应该发挥桥梁作用，连接政府与当地百姓，扮演中间协调沟通的角色。然而在实际操作中，SEE 缺乏专业的方法介入，没有充分发挥沟通协调作用。在"一亿棵梭梭"项目实施过程中，SEE 将部分地区的种植项目承包给中间商，从而失去了深入社区了解民意的机会，对于农牧民的需求不能及时了解和解决，只是根据自己制定的考核标准进行验收，18.9％的居民认为协会缺乏对项目实施过程的专业指导。农牧民为了达到规定的成活率，不断投入资金、人力，使得最后的收益有限，产生抵触情绪。

SEE 在运作与发展过程中，不能及时将居民的诉求传达给政府，做出相应的回应，而只是要求居民完成自己的工作，长期以这样的不对等关系相处，会逐渐疏远与当地居民的关系，会让 SEE 在公共服务领域失去发展空间，缺乏竞争的活力。SEE 为了自身当前利益，不愿牺牲和放弃部分利益，导致其不能很好地获得政府的支持与居民的信任，缺少争取自身发展空间的机会，可能会面临失去公众信任、缺乏公众支持的风险。

五、社会工作视角下 SEE 生态协会发展对策探析

SEE 作为一个在阿拉善地区具体的环境保护组织，在当今如此注重环境保护的时代，它必将在公共服务领域的环境保护和生态恢复方面逐渐发挥作用，彰显价值。当然，前文所提到的 SEE 在发展过程中存在的问题，必然会制约其正常发展。这就需要不断探究适合环境保护组织发展的对策，促进其健康持续发展，在生态文明建设中发挥重要作用。本研究尝试从以下几点提出相关建议与对策。

（一）自我赋能增强机构发展能力

注重培养专业的人才，提升工作人员整体素质，同时进行资源整合。专业的人才可以凭借专业知识理论、手段、技巧为环境保护组织提供优质的服务，更好地为服务对象服务。整合志愿者服务资源，推动志愿服务与社区治理共同参与的新模式产生。SEE 可联同政府制定人才培养计划或设置专岗，吸纳专业人才，例如，可设置"三支一扶""西部志愿者"等岗位，在为协会提供专业人才的同时精简政府机构，达到互利互赢的效果。

挖掘居民的潜在能力，注重相关群体的利益。SEE 要吸纳当地人参与到自身相关项目的调研、开展以及评估中，这样才能让当地居民认识到自己才是保护这片地区生态环境的主体，从而提高当地居民自主解决问题的能力；还要从优势视角鼓励、协助当地居民，通过对已有成绩的评估，让他们发现自己的能力和自信在逐步提高，让他们主动将自身和当地的环境保护联系起来，激发他们的活力和面对困难问题的抗逆力。

要让当地居民积极主动投身到环境保护和恢复工作中，仅靠环境保护意识的提升还是远远不够的，更要注重当地居民的相关利益。SEE 在项目开展过程中，要尊重所涉及的居民利益，合理商议，力争达到共赢的局面。比如在"一亿棵梭梭"项目中，当地农牧民通过种植梭梭并不能获得太多的经济收益，遇到干旱少雨的年份，收入还不及从前的放牧，使得当地农牧民产生负面情绪，项目难以推进。而此时，SEE 可以尝试发掘当地人民的潜能，采纳居民建议，共同开展衍生项目，提高农牧民经济收入，如在梭梭树下种植肉苁蓉

（牧民自行种植后，被协会发掘存在一定的经济价值后，推广实行）、锁阳等，提高附加产品的经济收入。

（二）链接资源优化外部发展环境

SEE 的资金主要来源于企业家每年的固定捐赠，其他方面收入较少。SEE 应该加强与外界其他部门机构的合作，如基金会、企业、公众等，使资金来源多元化，避免长期依赖政府与企业家。组织自身要不断创新，链接资源，开创更多新颖的服务模式，强化自身造血功能，维持组织稳定正常发展。同时要从根本上拒绝"等、靠、要"的思想，开发更多项目，完善服务内容，打造组织良好的形象，保持良好的信誉，从而吸引更多的资源。

SEE 作为一个在公共服务领域弥补政府缺陷的环境保护组织，必须要获得政府的重视与支持，才能长久发展。目前对于政府支持力度不足，SEE 可以和其他环境保护组织联合起来，开展社会影响力较大的环境保护活动，从而引起政府的重视；也可以尝试与政府合作，通过合作获得更多的委托项目，同时也可以得到一部分的资金支持，使自己不再处于边缘化地位。SEE 在开展活动的同时，难免会有群众的诉求难以满足，作为连接群众与政府的桥梁，SEE 要积极作为，主动联系政府相关部门，反映群众问题，提供合理建议，配合政府制定相应的政策措施。比如该组织在阿拉善左旗开展保护环境工作的同时，要求保护区内的居民禁止砍柴烧火，这样做会影响当地居民的生活，改变他们的生活方式，这时就需要环境保护组织主动联系政府相关部门，跟进相应的补偿或措施，这样不仅节省了政府治理环境的开支，得到了政府的重视，还会获得当地居民的支持与信任，有了政府相应的政策保障，阿拉善 SEE 生态协会开展各项工作也就方便了许多。

———————————— 参 考 文 献 ————————————

陈素萍，2012. 绿色社会组织的社会功能与发现对策研究：以南京市 LS 社会组织为例[D]. 南京：南京大学.

高丽，2018. 全球化背景下的生态议题与社会工作的绿色转向[J]. 社会工作理论与实践新视野（4）.

李小成，2015. 社会工作介入环境公益组织服务研究：以西安绿色原点环境宣传教育发展中心为例[D]. 西安：陕西师范大学.

刘丹丹，2013. 社会工作在民间公益组织服务中的运用研究：以陕西妇源汇性别培训发展中心为例[D]. 西安：陕西师范大学.

潘璐，2017. 从介入到自组织：农村社区环境治理的路径：以 G 村环保项目为例[D]. 南京：南京理工大学.

彭小兵，钟雯，2017. 农村环境群体性事件的社会工作协同治理：机制与路径 [J]. 社会
    工作与管理（9）.

屈振辉，2017. 论我国环保社会工作的基础理论问题 [J]. 鄱阳湖学刊（5）.

王如月，2017. 农村居民环保参与提升的社会工作介入研究 [D]. 杨凌：西北农林科技
    大学.

路冠军，博士，副教授，现任内蒙古农业大学党政办副主任。

第二篇
DI-ER PIAN
社区服务与社会治理
SHEQU FUWU YU SHEHUI ZHILI

内蒙古牧区养老服务面临的突出问题及发展对策

汪海玲

一、问题的提出

(一) 社会背景

内蒙古作为边疆少数民族自治区，东西跨度大、边境线长，人口数量相对较少。2021年末，内蒙古常住人口为2 400万人，比2020年末减少2.83万人，减幅0.12%。其中，60岁及以上人口487.0万，占全区总人口的20.29%；65岁及以上人口为332万，占全区总人口的13.83%。相比2017年末，全区60岁及以上人口增加11.69万，比重上升0.51个百分点；65岁及以上人口增加18.38万，比重上升0.78个百分点。与全国比较，内蒙古65岁及以上人口比重低于全国0.37个百分点，而60岁及以上人口比重高于全国1.36个百分点。

通过近两年内蒙古人口构成比较还可以发现两个明显特征：一是0～14岁、15～64岁人口的数量和比重在同步下降，生育水平持续走低是造成这种现状的直接原因；二是城镇人口持续增长，而乡村人口则呈递减趋势，侧面反映出内蒙古城镇化水平提高，城市群人口集聚度显著增强。

(二) 时代背景

党的十八大以来，习近平总书记对应对人口老龄化、加快老龄事业和产业发展等做出一系列重要指示，科学阐述了老龄工作的一系列方向性、根本性的重大问题，深化了我们党对老龄工作的规律性认识，丰富了中国特色老龄工作的理论与实践，同时也推动我国人口发展迈入新时代。此外，习近平总书记带头尊老敬老，在全党全社会营造了孝亲敬老的浓厚氛围。

近年来，各地将发展老龄事业和老龄产业摆上重要议事日程，不断加大投入力度，做细做实养老服务保障工作，创造条件让广大老年人老有所养、老有所依、老有所乐、老有所安。但我国养老服务业发展不平衡不充分与老年人日益增长的养老服务需求之间的矛盾突出，存在着各方养老资源统筹整合力度不够、养老市场潜力未能完全释放、养老服务质量有待提升、农村牧区养老服务体系发展相对滞后等痛点和短板。

(三) 政策背景

我国人口老龄化问题的特殊性、严峻性决定了必须从国家战略层面加强顶层设计,有效应对人口老龄化的挑战。《中华人民共和国老年人权益保障法》的颁布实施,从法律层面将积极应对人口老龄化上升为国家长期战略。进入新时代,党中央审时度势对我国现行人口政策和生育政策做出重大调整。国务院及有关部委先后出台《关于加快发展养老服务业的若干意见》《关于推进养老服务发展的意见》等政策法规,构建起了养老服务产业的"四梁八柱"。党的二十大提出,要实施积极应对人口老龄化国家战略,发展养老事业和养老产业,为更好应对人口老龄化指明了方向。

近年来,内蒙古大力支持老龄事业发展和养老体系构建,密集出台《关于加快发展养老服务业的实施意见》《全面放开养老服务市场提升养老服务质量》等一揽子政策性文件,养老服务工作进入"快车道"。自治区党委、政府对农村牧区的养老问题也高度关注,于 2012 年 8 月出台《关于推进农村牧区互助养老幸福院建设的意见》。此后,兴安盟、乌兰察布市、锡林郭勒盟等地先后专门印发《农村牧区养老幸福家园建设指导意见》《牧区养老机构管理办法》,积极探索欠发达地区解决老龄人口养老问题的有效方法。

二、内蒙古牧区人口现状及主要特点

(一) 牧区基本情况

内蒙古牧区面积 80 多万平方千米,现有牧区和半牧区旗县(市、区)54 个,占到 103 个旗县总数的半数以上。其中,有牧区旗县市 33 个,分属于除呼和浩特市、乌海市以外的其余 10 个盟市;有半牧区旗县(市、区)21 个,涉及 8 个盟市。从数量上看,锡林郭勒盟最多,其次为鄂尔多斯市,呼伦贝尔市、通辽市、赤峰市紧随其后。

(二) 牧区生活状况及人口主要特点

1. 地广人稀,居住分散

2021 年末全区总人口 2 400 万,占全国总人口的 1.7%,人口密度为 20.34 人/平方千米,远低于全国 145 人/平方千米的平均水平。牧区大多地广人稀,人口体量小,人口密度低。像以克什克腾旗、四子王旗等为代表的牧区旗县,地域面积大,人口相对少,人口密度不仅低于全区均值,更大大低于主城区的人口密度。额济纳旗是全区面积最大的旗县，常住人口只有 3 万左右。另外，牧民居住比较分散，牧户之间往往相隔几千米甚至十几千米。

2. 少数民族人口集中，人口比例高

内蒙古是一个由 55 个民族构成的少数民族自治区。截至 2021 年底，内蒙古常住人口中蒙古族 4 247 815 人，占全区总人口的 17.66%。牧区大多是少数民族人口的主要聚集区。以锡林郭勒盟为例，2021 年全盟户籍总人口 111.57 万，其中汉族 728 623 人，占 65.81%；蒙古族 334 868 人，占 30.25%。阿拉善盟所辖 3 个旗均为牧区，全盟蒙古族人口比例高达 28%。两个盟市的蒙古族人口比例都明显高于全区平均值。

3. 城镇化趋势加强，人口流动性加大

近年来，内蒙古城镇化率一直保持较快的增长速度。改革开放 40 年的时间，内蒙古城镇化率提高了 40.2 个百分点，年均增长 1.03 个百分点。2021 年末，内蒙古常住人口中城镇人口为 1 637.04 万，常住人口城镇化率达 68.21%。12 个盟市中乌海、包头、阿拉善、鄂尔多斯、呼伦贝尔、呼和浩特、锡林郭勒 7 个盟市城镇化率都超过 60%。在此背景影响下，农村牧区的大量人口涌入城镇，导致农村牧区人口逐年减少，有的地区出现了户籍人口零增长甚至负增长的现象。

4. 家庭养老功能弱化，人口老龄化问题严重

第七次人口普查数据显示，全区平均每个家庭户的人口为 2.35 人，比 2010 年第六次人口普查的 2.82 人减少 0.47 人。农村牧区常住居民平均每户家庭人口一直呈下降趋势，家庭结构日益小型化、核心化，"421" 和 "422" 式家庭模式已经成为普遍现象，这样不仅使家庭的养老功能逐步弱化，也造成了老年家庭的空巢化。牧区青壮年劳动力大量流失，老年人口比重自然提高。不仅如此，从生理规律上讲，人口老龄化的过程实际上也是高龄老人、失能老人增多的过程。

三、当前牧区养老服务存在的突出问题

（一）扶持牧区养老事业发展的政策法规不够完善

党中央出台的扶持养老事业发展的政策大多是宏观的、原则性的、方向性的，需要结合基层实际进一步细化。牧区既不同于城市，也不同于农村。目前，牧区养老服务体系建设缺乏整体性、协调性、前瞻性。全区各级政府在牧区养老产业上具体的政策支持和配套措施有时跟不上，市场发育不完善，调动其他多种社会力量参与养老事业和兴办养老机构还不充分。牧区养老事业涉及民政、住建、财政、物价、税务等多个部门，政策协调难度较大，有些好的政

策出现"中梗阻",没有完全落实落地。

(二) 发展牧区养老产业的资金来源渠道单一

目前,各地发展牧区养老服务产业,不管是建设互助幸福院还是建设牧民养老园区,都是主要依靠地方财政、彩票公益等政府投资,来自民间的、社会组织的、企业的投资不足。究其原因是养老行业投入大、收益慢,金融部门的信贷支持少,致使大部分社会力量创办养老机构资金来源渠道窄、运营成本高、经营困难。现在,牧区人口老龄化日益加深和牧区老年人需求迅速增长之间的矛盾变得越来越突出,因此导致了牧区养老产业在资金上产生巨大的缺口。在这种情况下,如果仍然延续过去仅依靠政府单一投入的做法,发展牧区养老产业就很难获得稳定的、长期的和充足的资金支持,发展动力和后劲就会不足。

(三) 牧区养老产业规模小、服务产品单一

福利型养老机构只解决特定对象的养老问题,经营型养老机构不足且收费较高,多数牧区老人及其子女负担不起,养老机构没有形成规模化,能够提供的一般性养老服务多,而品质化的养老服务少,特别是对空巢、独居、高龄和失能老人的服务更紧缺。随着人口老龄化加速,老年人口规模越来越大,不仅需要有庞大的资金投入、配套设施投入作保障,还需要大量的专业服务人员、志愿者等加入进来。而现实情况是,对牧区养老领域政府投入有欠账、民间投资比例有限,医疗与养老功能分离。还有在城市城镇生活成本高,受家庭经济的制约,一些老年人在孩子寒暑假期间选择回到牧区生活,成了"候鸟型"老人,此时养老园区或养老公寓就会空置。

(四) 牧区养老社会支持不够、服务水平偏低

针对生活自理能力下降、患病卧床不起甚至完全丧失自理能力的老年人,需要获得他人在日常起居中的照顾和健康看护方面的专业护理服务,但相对落后地区在此方面的积累和准备明显滞后于需求增长,社会化养老服务的总体支撑能力与保障措施都亟待加强和改善。另外,牧区养老服务队伍专业化、职业化建设落后,护工队伍不稳定、不专业,大多只能向老年人提供生活照料等一些基本服务,缺少必需的职业资格培训和定期的岗位培训,不能很好地满足社会化养老的精准需求。

(五) 牧区部分养老机构运营困难

从牧区现有养老机构的情况看,互助幸福院、养老园区的建立、日常运

营，以及各种管理规定的落实都需要政府在经费、政策等各方面给予扶持和引导。在政府的引导下，公办的养老机构享受足够的优惠政策，这些机构普遍收费低，利润空间小，保证了多数牧区老年人能够住得起养老机构，体现了养老事业的公益性。但养老机构员工的工资大部分还需要企业自己支付，企业自身"造血"功能不足，导致运作困难。按照收支两条线的要求，园区将收取的房租费全部交给财政，再由财政返还民政局拨付企业使用。据测算，该机构当年收支基本持平。

四、加强内蒙古牧区养老服务的对策和建议

（一）明确牧区养老服务体系中的各方责任

1. 强化政府的主导作用

各级政府要发挥保基本、兜底线的职责，重点保障高龄、失能、孤寡、经济困难等老年人群体的养老服务需求。在牧区养老格局的构建中，要进一步加强组织领导、统筹协调、科学决策，承担起做好牧区基本养老服务的重要责任。要研究制定牧区养老的总体发展规划，出台相关的扶持政策，重点保障牧区特殊困难老年人的养老服务需求，并推动服务逐步向所有牧区老年人延伸。要通过深化养老领域"放管服"改革，大力营造公平参与、公平竞争的市场环境，激发社会活力，鼓励和引导社会力量参与牧区养老事业，促进市场发育和社会发育，形成政府、市场、社会三方良性互动的生动局面。

2. 巩固家庭养老的基础作用

家庭养老符合我国的基本国情和老年人的情感诉求，在对老年人生活照料和精神慰藉方面具有社会化养老无法比拟的优势。尽管家庭的养老功能出现弱化趋势，但家庭养老在牧区养老服务体系中仍然处于核心地位。从现有的人力、物力、财力和牧区经济社会发展水平看，家庭养老还将在较长时期内保持下去，继续担当养老保障的主要力量。因此，要注重发挥家庭在牧区养老保障中的积极功能，教育引导子女认真履行赡养老人的第一责任和法定义务，让老人在熟悉的环境里、在亲情的陪伴下安度晚年。

3. 充分发挥机构养老的补充作用

在推进牧区养老设施建设中，要坚持从实际出发，构建多元化的养老服务格局。首先，要办好公办敬老院（养老院）、养老园区等普惠型养老机构。公办敬老院（养老院）在发挥兜底养老作用的前提下，可以将多余的床位向社会适当开放，以满足孤寡、空巢、失能、失独老人的迫切需求。养老园区要着眼扩大养老服务供给，提供更多适合老年人的产品和服务，使其更加符合老人生理需求、心理预期和社会需要。其次，要大力扶持民办养老机构。采取优惠政

策措施，鼓励社会资本参与养老事业，建设适宜老年人集中居住、照料、护理和康复的养老机构，因地制宜搞好养老基础设施建设。要加强统筹规划，有效整合牧区分散的人财物资源，促进牧区养老服务业与经济社会发展协调同步，提升牧区养老公共服务均等化水平。

（二）建立和完善牧区养老事业的多元投入和社会支持机制

1. 统筹各方主体的投入

政府承担着扶持发展和管理规范养老服务业的责任。政府要建立财政资金保障机制，根据牧区老龄化发展的实际和当地的经济发展水平，把养老服务资金列入财政年度计划，并做到逐年有所增长。要加强对资金的管理和使用监督，确保专款专用，以保障牧区老龄事业发展的需要。同时，要想办法拓宽资金来源渠道，建立财政资金、福利彩票公益金、社会力量投入资金等多途径的多元化的投融资体制。要大力支持养老产业发展，对养老服务机构和社区服务组织给予财政补贴和支持优惠政策，采取公建公办、公建民营、民建民营、民办公助等多种方式，整合各类项目资金，有效调动社会各方面参与发展牧区养老服务的积极性，为老年人提供更多类型、更多层次的服务。

2. 加快建立和完善多层次的牧区养老保障体系

要从建立老年医疗保障体系和完善养老服务网络入手，不断深化社会养老保险制度改革，健全和完善牧区社会养老保险、医疗保险体系，加快完善老年人社会保障制度。要着手建立具有地区特色的多元化养老保险制度，可以借鉴推广困难群众互助医疗的做法，通过建立特困医疗救济基金，保障困难牧民的就医需求。要在提升牧区老年人自身支付能力的同时，鼓励牧区老年人参加商业养老保险和长期护理保险，增强老年家庭抵御风险的能力。要教育引导子女履行赡养义务，承担起家庭的养老责任，尊敬和关心老人，在家庭生活中给予扶助和悉心照顾，使他们在感情上、精神上得到满足，愉快地安度晚年。

3. 提高社工组织和社工专业力量参与度

一方面，要积极培育社会组织，促进其健康发展；另一方面，政府可以通过购买服务的方式，鼓励社会组织参与到牧区养老服务中来。社会工作者可以利用专业知识、发挥专业优势，为老年人提供及时有效的专业化服务。如安排志愿者为老年人提供劳务服务、心理疏导以及生活照料等服务；倡导邻里互帮互助，为老年人提供临时性的、紧急性的帮助；开设养生保健、疾病预防等讲座，开展义诊活动，增强老年人健康意识，促进老年人的身心健康。同时，还可以整合义工、慈善组织、企业等社会资源，为困难老年人提供社会募捐、结对帮扶等救助性服务，这样既可以弥补政府养老公共服务的不足，也有利于牧区养老服务体系的完善。

（三）积极推进养老服务产业供给侧改革

1. 进一步完善富有草原特色的养老服务模式

首先，要从实际出发，兴建和推广牧区互助养老机构。坚持"政府扶持、多元经营、集中居住，分户生活、养老育幼、自治管理、互助互爱"，针对牧区老人生活习俗、语言习惯、消费水平、陪读养老等实际需求和眷恋故土的心理特点，因需推出各类服务，融合民族特点、体现地区特色、凸显当地文化。其次，要建立机制，加强医养资源、服务、人才等有机结合。针对牧区老年人很难得到有效的医疗护理服务这一实际，可以充分利用草原天然温泉药浴、蒙医、蒙药、策格等传统医疗资源，为机构老年人提供医疗康复、紧急救援等护理服务，保障牧区老人病有所医。再次，政府要加大扶持力度，引进和建立医疗联合体，促进医疗机构和养老机构的合作与联盟，加强养老机构内设医疗机构或医疗机构内设养老机构，增进医疗资源的输出和转化，并加强对专业技术人员的培训。

2. 科学分类提高牧区养老服务有效性

树立精准化理念，准确了解和掌握不同时期、不同类型老年群体的养老需求，对服务对象进行科学化的分类，做到投其所好、供其所需。可以根据牧区老年人的年龄阶段、身体状况、家庭收入等实际情况，提供无偿、低偿、有偿相结合的分级服务。对于重度失能老年人、生活困难老年人和高龄老年人，应采取无偿为主，低偿和有偿为辅的福利化服务方式，尽可能保证他们能够进入公立养老服务机构进行养老，享受到政府提供的无偿养老服务；对于收入一般的老年人，应以低偿为主，无偿、有偿为辅的社会化和市场化相结合的服务方式，通过政府购买服务等方式，切实保障他们的晚年生活；对于经济状况较好、收入较高的老年人，则应以有偿为主，低偿、无偿为辅的市场化服务方式，自愿入住养老机构。

3. 推进医疗服务与养老服务有效衔接

医养康养融合发展，是实现健康养老的新趋势。一方面，要引导更多现有的社会医疗机构特别是社区医院、社区卫生服务中心的医疗资源，向养老机构辐射和延伸，定期开展送医、送药、送健康下乡活动，提高牧区老年人的身体健康素质。养老机构还可通过服务外包、委托经营等方式，签约医疗卫生机构为入住老年人提供医护服务。要支持普及型的医养结合，对于在养老机构建立卫生室、医疗点的，卫生部门应出台专门的政策降低准入门槛，简化各种手续。另一方面，可以向社会办医养结合机构购买基本医疗卫生服务，鼓励保险、信托公司等投资主体举办医养结合机构。要抓紧研究制定医养结合机构服务管理指南，规范上门医疗服务的内容和收费标准。按规定将符合条件的医养结合机构中的医疗机构，纳入城乡居民基本医疗保险定点范围。

（四）加强养老机构和养老服务人员队伍建设

1. 扶管并重支持养老机构发展

一方面，要深入推进养老机构综合改革试点工作，鼓励社会力量通过参资入股联合经营、承包收购、委托管理、公建民营等方式，管理和运营公办养老机构，确保国有资产不流失、养老用途不改变、服务水平不降低。对非营利性养老机构依照有关规定采取划拨的方式及时供应土地，对营利性的养老机构在有偿供地时给予优惠，以减轻社会养老机构的资金压力。另一方面，对不同投资主体的养老机构，在市场准入和优惠扶持政策上要一视同仁，重点解决民办养老机构在设立许可、土地使用、资金支持、人才培养等方面的难题，推动社会办养老机构成为养老行业的主力军。

2. 加强对养老机构的规范管理

在牧区养老机构仍以中小型为主，发展良莠不齐，没有形成养老服务品牌。所以必须通过抓管理、建制度、强服务、搞创收，提高养老机构的运营水平，切实解决好机构养老"重建设、轻管理"的问题。民政部门作为主管部门，要强化对养老机构的监督检查，健全养老机构行业准入、退出、监管机制，实行等级评定、公开评议等制度，推动养老机构规范化发展。养老机构应加强行业自律，依据自身条件和群众意愿，进一步创新和完善养老公寓的使用管理服务办法，不断健全和完善运行机制。坚持严格的服务标准，不断提升服务质量，满足不同对象、不同层次、不同内容的服务需求，全面提高养老服务机构整体运营水平。

3. 加强养老服务人员队伍建设

养老服务专业人员数量不足、质量不高，是制约当前牧区养老机构发展的瓶颈因素。在创新养老服务人才培养方面，可采用"订单培养、定点上岗"的培养方式，委托相关高校和职业院校培养老年医学、康复、护理等专业学生，毕业后定点从事养老服务工作。也可以将养老服务专业人才列入国家职业教育重点名录，鼓励高校和职业学校开设养老服务专业，设立医养结合培训基地，分级分类对相关人员进行能力素质提升培训。在拓宽养老服务人员职业发展空间方面，逐步建立养老服务人员上岗许可、资格认证、职称评定体系，建立收入与职业资格相匹配的薪酬制度，加大对长期从事养老服务工作的人员激励力度，畅通养老机构服务人员上升通道，提升养老服务从业人员的社会地位和工资待遇，从而激发更多的人才加入养老服务队伍。

汪海玲，副教授。本文系内蒙古农业大学人文社科重点课题项目《内蒙古牧区社会化养老服务的调查考证及其体系创新研究》（项目编号：XSK201609）阶段性成果。

绿色社会工作视域下牧区垃圾治理的行动逻辑

张秉洁　其格其　张银花　路冠军

引言

"垃圾"一词在新华字典中的定义是指脏土或丢弃的废物。随着时代、技术的发展和对资源有限性的认知，垃圾逐渐被认为是"只是放错地方的资源"。人们开始对垃圾进行更为精细和专业的处理，进行垃圾分类、回收和加工处理，以促进资源的循环再利用，促进经济的可持续发展。

目前，大部分垃圾治理的相关政策和研究大都是把农村和牧区并列起来[①]，对于牧区的特殊性考虑不足。相比而言，牧区垃圾问题有其独特的分布特征和表现。城市社区和农村社区由于垃圾体量大，区域相对集中，处理起来有集聚效应，经济效益和环境效益较为明显。但在牧区，地广人稀、路途遥远，牧户大多分散居住，一些生活垃圾和伴随畜牧业产生的垃圾也较为分散，数量和种类也相对较少。因此，在垃圾总量和垃圾分布密度都较低的情况下，牧区垃圾问题是否存在，是否可称之为一个问题，能否进入公众视野进而被重视，需要站在一个具有操作性和实践性更强的视角考虑[②]。绿色社会工作是近些年社会工作界围绕自然生态议题展开的一个新领域，是社会工作专业视角下的"环境观"。本文即以该视角对内蒙古自治区 H 牧区垃圾治理的相关问题进行了剖析，以求发掘出牧区垃圾治理的一点新思路和具体建议。

一、绿色社会工作视角看待牧区垃圾治理的优势

目前，我国学术界对绿色社会工作的相关研究较少，实践研究严重不足。在中国知网进行期刊检索，篇名中明确含有绿色社会工作的仅有 12 篇，主题含有绿色社会工作的期刊包括硕士毕业论文仅有 17 篇。其中，具有具体实践

---

① 曲海月. 浅谈内蒙古农村牧区的垃圾治理 [J]. 内蒙古科技与经济，2017 (19)：16-17.
② 汉尼根. 环境社会学 [M]. 北京：中国人民大学出版社，2009.

的研究主要有古学斌、齐华栋关于四川雅安灾后绿色社会工作参与社区设计的行动研究一篇。在这样的数据背后，有大量的具有绿色社会工作实质内容的实践尚未被理论工作者总结和提炼，也罕有学者从绿色社会工作的视角进行本土化的实践研究。而在目前全球生态环境发展形势严峻的情况下，这样的研究数据反映出了该视角理论和实践的缺失，也显示出相关探索研究的巨大契机。

绿色社会工作在性质上是一种整合专业社会工作的方式①。笔者认为，其优势主要体现在三方面。第一，在理论和实践上具有高度的整合性，可操作性较为明显。与以往仅从法律规定或行政命令方面展开工作，主要是自上而下进行推广的单方面环境管理不同，绿色社会工作通过多维度的理念和多种实践方法的综合运用，力图达到提高社区环境品质与维护环境公平的多重目标，因此具有从理念到方法，再到多重目标的高度整合性。在牧区垃圾治理问题当中，该视角不仅需要了解牧区垃圾问题的危害与影响，了解牧区垃圾问题的各类原因，而且要从牧民视角出发，了解其相关需求、困难与实际的障碍，了解如何在牧区不断变化的环境中使得牧民能够连续性地进行垃圾有效处理等环保行为。

第二，这种角度在治理环境问题中具有直接指向性和易于实践的特点。在牧区垃圾问题的治理思路中，绿色社会工作强调人与动物、与草原植被的关系，强调人类行为与草原的关系；其工作对象以牧民为核心，再延伸到草原植被、牲畜与各类资源；过程上，强调牧民的意识观念、国家地方垃圾政策、相关权力与资源等内容；目标上，强调将垃圾处理与草原的生态可持续发展内在动力整合一致。可以发现，以往行政命令中确定的垃圾处理目标单一，居民没有长期行动的内在动力，因此垃圾治理呈现出"一头热一时热，不能持久坚持"的特点。与此相比，绿色社会工作视角下牧区垃圾治理的侧重点、工作对象及服务目的具备内在的系统性，而这一系统性又为后续的操作性打下了扎实基础。从"就垃圾谈垃圾"这种单一的垃圾治理思维，直接指向了"可以影响牧民生计、生活和消费的垃圾治理"，极大地拓展了牧民重新思考垃圾问题的深度和广度，因此更易实践和坚持。

第三，该视角下生态效益和社会效益明显，并重视社会资源的链接和培育，增强了社区的活力和持续生命力。社会工作的宗旨是助人自助，绿色社会工作也需要在助人自助的基础上，对生态环境及其环境中的居民进行生活的改善，生计的协助，才能使人们不会习以为常、竭泽而渔，并且，在居民之间培育和搭建长期互助的资源链接渠道，能够使得环境保护行为持续进行。在绿色社会工作理念视域下，在牧区垃圾治理的过程中，能兼顾草场的脆弱性和生态的可持续性，突出其在牧区生态恢复力提升上的功能，同时有助于牧民生计的发展，从而在垃圾问题处理的主要目标之外获得更明显的经济效益和社会效益。以绿色社会工作的关键概念而言，牧区发展是与草场的"脆弱性"和"生态恢复力"有重大关联的。联合国认同国际减灾战略（ISDR，2006）的定义，认为"脆弱性是指物质、社会、经济和环境因素或发展进程中所决定的条件，增加了社区在应对灾害恶果时的敏感性[1]。"格宾斯（2010）认为，"社区的生态恢复力就是社区有充足的自信、能力、资源、知识和技能来解决危机社区和谐与发展的不利因素。[2]"在牧区，草原是牧民生计最大的条件和资源，因此，从草场的脆弱性出发，结合草原上的相关资源创造出强大的生态恢复力，是绿色社会工作视角下牧区垃圾治理的一个独特思路。

二、H 牧区垃圾治理现状分析

（一）H 牧区垃圾治理基本情况

H 旗（为了叙述简洁，下文统一为 H 牧区）位于内蒙古自治区东部，调研涉及的四个嘎查主要是分散居住的牧户和密集居住的农牧混居户。最少的50 户，最多的 130 户。

经过梳理，本文认为牧区垃圾主要有四种类型。首先，主要是生活垃圾、畜牧业产生的垃圾和建筑垃圾三大类型。生活垃圾主要包括可回收垃圾、厨余垃圾、有害垃圾和其他垃圾。畜牧业产生的垃圾主要有死畜和在畜牧业生产过程中产生的垃圾。建筑垃圾指的是牧民在建新房、建牛羊棚圈过程中产生的垃圾。其次，由于个别嘎查周边开设的一些工矿企业制造垃圾，因此企业产生的危废等垃圾也成为牧区垃圾的一种类型。

目前，H 牧区的垃圾治理尚处于较为初级的层次。垃圾处理工作流程比较简单，即各嘎查的若干户人家共用一个简易垃圾桶，再由专门人员把垃圾桶中的垃圾运到指定垃圾场进行处理。处理方式以填埋和焚烧为主，尚未达到垃圾分类这一层面。具体工作由嘎查村委会雇用或指定相关工作人员定期处理完成。

（二）H 牧区垃圾问题导致草场脆弱性分析

根据问题显露的程度，以下分五点阐述了垃圾问题给草场带来的脆弱性和影响。

第一，乱扔死亡牲畜尸体，导致草场污染和空气污染。因意外或疾病而死

① 陈星星，徐选国. 绿色社会工作：迈向生态环境关怀的社会工作新论述：兼论对我国社会工作介入生态文明建设的启示. 华东理工大学学报（社会科学版），2018，33（3）：1-10.
② 多米内利. 绿色社会工作：从环境危机到环境公正义 [M]. 北京：社会科学出版社，2019：162.

亡的牲畜被乱扔在草场带来两个直接影响。第一个影响，死畜腐败变质后污染空气质量，腐败酸臭，甚至传播疾病。第二个影响，死畜腐败变质会污染周围草场，影响嘎查的环境卫生。

第二，乱扔针剂和药瓶等散乱垃圾，导致牲畜误食，牲畜生病死亡使养殖成本激增。这里的散乱垃圾主要是来源于日常牲畜养殖过程中畜牧业的疫苗空瓶、针剂、药瓶和不可降解的生活垃圾。不少牲畜吃了有害垃圾后中毒死亡，或者吃了无法被消化的东西如塑料袋、塑料瓶后需要做手术，给牧民带来不少经济损失。牲畜直接死亡的经济损失较大，如一头牛损失 1 万元至 1.5 万元。医治生病牲畜的花销也很高，兽医一次的出诊费、手术费和药费合计大约为 2 000 元，一年有两三次，需要 4 000～6 000 元，使养殖成本激增。

第三，周边环境被污染，影响人畜健康。污染主要分为两部分，一部分污染来自嘎查周边的一些化工厂，没有做到完全的污染处理和无公害排放。出现了以下具体后果：①有毒物质导致牛羊等牲畜死亡。②化学废料伤害了牧民身体。③污染空气质量，破坏了相关草场、土壤和水源。一些牧民虽然反映情况后得到了一些补助，工厂也减少了排出量，状况得到了一定改善，但依旧没有从根本解决问题。另一部分污染来自不合理的垃圾堆放和焚烧。长时间的堆放和垃圾焚烧带来了两个影响：①随着季节影响，夏季细菌、蚊虫滋生，冬季垃圾随风飘散到草原上。②垃圾焚烧方式简单，产生新的污染破坏了周边草场。焚烧后烟雾刺鼻，灰渣没有完全填埋，飘散影响空气质量和周边草场环境。

第四，破坏草场，影响生态可持续发展。首先，一些不易降解的垃圾留存影响草场植被，导致草场肥力下降。近些年来受全球变暖的影响，地表的植被已经比较脆弱，再加上不易腐烂的垃圾，进一步导致了土壤肥力的流失。其次，污染使得草原生态链断裂，草场遭到破坏并恶性循环。如，因污染所致当地野生动物的数量和种类减少。生命力强的一些食草动物如野兔、野猪生存下来了。但生物链断裂后，没有天敌的动物开始肆无忌惮地破坏草场，继而导致了牧民无法丰收。这些都严重影响草场生态的可持续发展。

第五，草场根基被破坏，导致整个嘎查的衰败和落后。首先，草场被破坏被污染影响了牧区的观感及牧民的身心健康。因为"糟糕的环境会使人们的发展动机衰竭，难以享受美好生活。①"本来干净广阔的绿色牧场被各种星星点点的垃圾所遮蔽，不知不觉地影响着牧民的观感和情绪，并降低了居民的幸福感和发展内驱力。其次，草场被持续破坏，整个嘎查发展后劲不足。由于草场是相互连接的，没有好的草场牧民就无法生存，这使得整村的整体生活水平下降。甚至一些牧民因草场恶化被迫搬迁。在一定程度上，嘎查已经显现出落后

---

① 多米内利. 绿色社会工作：从环境危机到环境公正义 [M]. 北京：社会科学出版社，2019：162.

和衰败的苗头。牧区各种环境问题交织在一起，越来越严重地影响着牧民的生活，影响着村容村貌，影响着当地经济社会的可持续发展。

（三）牧区垃圾问题的原因分析

宏观层面上，垃圾问题的源头主要受三点因素影响。第一，整体生活水平的提高使牧民物质生活丰富，垃圾的数量和种类都在激增。第二，身处网购时代的牧民，其网购热情居高不下，各类不可降解包装增多致使白色污染牧区化。第三，随着畜产品消费需求的增加牲畜数量也在逐年上升，家畜生病死亡比例随之增加。

中观层面上，受两大主体因素影响。第一是化工厂，或出于降低成本的考虑，或环保意识比较淡漠，其垃圾处理、危废处理及生态修复的相关工作不严格、不完善。第二是嘎查垃圾处理体系方面，或因居住分散、成本偏高、资金缺乏，或因缺乏配套设施、技术人员和管理体系，导致资源不足、专业性不强。

微观层面上，受三点因素影响。第一，牧民与垃圾相关的生活习惯、规则很简单，没有垃圾处理的意识。没有过多考虑，"顺手、方便、下意识的"就导致垃圾的产生。第二，牧民生活繁忙，精力不足无暇顾及垃圾处理。牧民以前虽然没有垃圾意识，但也不会乱扔垃圾，但现在乱扔的现象越来越突出。这是因为，一方面牧民从早上起来捡牛粪起即开始当日劳作，一天要三次喂饮牲畜或放牧，时间、体力和精力的消耗很大，因此乱扔背后是"图省事儿、节约精力"。另一方面，家畜数量和饲料包也多起来，牧民天天忙着喂养家畜，没时间处理饲料包装袋等垃圾。第三，受教育水平影响，相关知识和技能不足。长者牧民的环保意识与理解不够深刻，青少年虽受到了环保教育但回家后不应用，理念无法转化为实践。

（四）H牧区生态恢复力分析

牧区的生态恢复力就是牧区有充足的自信、能力、资源、知识和技能来解决威胁牧区和谐与发展的不利因素。对于H牧区垃圾问题的解决，总体而言，目前并没有治理垃圾问题的相关自信和能力，垃圾处理的环保思想较为单一和淡薄。现有处理垃圾的工作主要交给几位专职工作人员完成，其他更广泛人群并未积极地参与，如受到环境教育的中小学生和大学生等人力资源未得以充分利用。牧民对于乱扔各类垃圾带来的深层次影响和相关知识不够明确，对牧区垃圾问题的危害认识不足。对于垃圾如何分类和再利用的知识和技能较为欠缺，相关工作人员垃圾处理的相关技能仅仅为清扫、运输或转运、焚烧或填埋。但与此同时，H牧区在一些传统生活中对于可持续发展有着一致的思路，如在牲畜粪便再利用方面，牧民有着将其回收和处理的自信、智慧和技巧，甚至已经成为一种生活生计习惯。这些生态恢复力要素，都影响着牧区解决其垃圾问题、嘎查发展问题。

三、牧区垃圾治理中绿色社会工作的解决思路

（一）在目标和方案设置时，将牧区与农村予以区分

社会工作强调"人在情境中"，因此相关问题的解决需要考虑这一层面。通过对 H 牧区垃圾所导致的草场脆弱性的危害分析，原因分析以及生态恢复力分析，可以发现牧区的垃圾相关问题与农区有较大差异。牧区的垃圾处理不仅受地理区域的限制，而且还受资源和文化的影响，且草场更加脆弱，更易于被破坏和污染，进而更易导致生态恶化，影响经济社会的可持续发展。因此，在进行垃圾治理规划时，需要将牧区与农村的发展目标和具体方案计划进行科学合理的分别设置，面对牧区要突出适宜牧区的不同的治理思路。

（二）将牧区垃圾治理体系的主体清晰化并促成合作联动

社会工作强调协作与沟通，这一点与治理的内在要求完全一致。牧区垃圾治理，首先需要将各种主体清晰化，其次要促进主体间的对话与协商。绿色社工可以通过沟通协调和资源链接，协助完成这种主体清晰化，并促成主体间的合作。

"社区治理主体是社区利益相关者，即与社区需求和满足存在直接或间接利益关联的个人和组织的总称，包括政府组织、社区组织、社会中介组织、驻社区单位、居民等①。"城市社区可介入的主体相对较多；但在牧区可介入的主体较少。牧区在嘎查层面没有非营利性的社会组织、物业公司，除小超市、小饭馆外，也没有其他驻区单位组织。H 牧区的治理主体比较单一，目前主要是嘎查居委会指派的工作人员，严重缺失其他主体，因此需要拓展治理主体。可以建立相关的利益关联制度和鼓励奖惩制度，以促进垃圾问题解决的多主体联合行动。

社区居民是社区参与的重要主体，是具有社区认同感和归属感，并具有社区公共责任的民众。但作为社区参与重要主体的牧民，目前参与积极性较低，而且感觉与己无关。公共管理的角度认为"没有牧民的配合和有效参与，草原

---

① 陈伟东，李雪萍. 社区治理主体：利益相关者［J］. 当代世界与社会主义，2004（2）：71-73.

生态合作治理的实践将寸步难行①"。这与社会工作的社区方法的理念实质一致，因为社区居民对社区事务的积极参与将直接推动社区发展。因此，对于牧民自身这个最主要也最重要的主体而言，需要社工以牧民易于接受的宣传教育等形式来提高牧民的垃圾处理意识，将牧民与垃圾分类处理之间建立直接的经济利益关联机制。这是牧区垃圾治理中需要考虑的关键细节之一。

针对工矿企业这一主体，社工可以建立协调政府、企业与嘎查村委会及牧民的四方沟通机制。甚至可以通过"要求企业发布细节信息，使企业承担起更广泛责任，并提高公司和政府的信息透明度②"。

（三）注重过程目标，不断培养和提升牧民解决问题的能力

罗夫曼曾提到社区工作的目标可分为事工目标和过程目标③。事工目标是具体事务的完成，侧重硬件设施。过程目标侧重居民在权力、精神、能力和素质上的提高。在牧区垃圾治理过程中，牧民的自信，垃圾处理相关的能力、资源、知识和技能，居民的合作能力，居民的解决问题的能力和技巧，都是需要注重的内容和环节。

培养本地人才，是解决垃圾问题的另一个重要方面。目前，嘎查很多中小学生已经成为环保意识上的思想先锋，只是缺乏一个真正的实践和落地。因此，善于将中小学生作为一个宣传环保理念的志愿者在牧区加以动员，是一个提升其他牧民意识积极有效的方法。此外，调研中一些大学生的环保理念也相对较强，他们对垃圾危害的认知程度更为敏锐和深刻，也可以起到深化宣传效果的作用。而对于更多的普通牧民而言，在垃圾问题中反映出来的各种意识理念缺乏、处理能力技巧缺失、社会交往支持缺乏等，都可以在各项垃圾治理相关事业和活动中予以提升。而且，在过程中可以不断增强居民的信心和归属感，增强嘎查的凝聚力和社区活力。

（四）动员并善用各项资源，促进牧民志愿者与社会组织的参与

在牧区垃圾治理的各个环节，还需要很多的资源，不仅包括人力资源，还有相应的一些物力资源、财力资源和设备资源。

目前 H 牧区四个嘎查都是村委会指定或雇佣人员完成垃圾处理工作，实际

---

① 何元增. 合作治理：实现草原生态善治的有效路径 [J]. 内蒙古农业大学学报（社会科学版），2019，103（1）：8-14.

② 多米内利. 绿色社会工作：从环境危机到环境公正义 [M]. 北京：社会科学出版社，2019：162.

③ 张银花. 社区工作 [M]. 呼和浩特：内蒙古大学出版社，2010.

上起到了一定的善用人力资源的作用。垃圾处理的工作人员主要是当地低保户和建档立卡户，或是生活困难户、村委会的人员、村委会的指定人员等。工作任务是平均每星期清理一到两次，其余时间自己安排。其工资平均为 3 000～3 500 元。工作量相对较少、时间也自由，因此他们对这份工作比较满意，态度也较认真。村委会的安排不仅解决了垃圾处理问题，还给这部分人解决了一些收入问题，为整村的健康卫生发展和困难户帮扶起到了一定的积极作用。

但牧区还需要一些更为专业的垃圾处理人员，因此提供培训或者技能学习是下一步需要考虑的事项。此外，促进牧民环保志愿者的产生，也是一项有意义的工作目标，如年轻有知识的牧民大学生可以起到宣传先导的作用，年迈有智慧的牧民长者可以进行风俗传统中经验智慧的解释和分享，年幼的中小学生可以参与日常垃圾的捡拾实践，将课本中的环保知识与实践相结合甚至成为监督小助手。此外，动员社会组织，链接物力资源、财力资源和设备资源也是在垃圾治理中需要协调各方完成的工作。

（五）探寻价值与意义，引导牧民无冲突协力配合

垃圾是不是真的废弃物，可取决于具体情境下的价值。需要看重特定的人所处的特定社会环境，个人思想观念上的自觉与正确并不一定直接导致实际行为方式的改变[①]。在牧区，一些大众以为的无用之物并不会被当作垃圾，比如，杂草和动物的粪便。尤其是牛粪和羊粪，不仅不是垃圾，而且还可以当作燃料使用。草原的冬季比较冷，牛粪和羊粪一方面给牧民解决了取暖问题，另一方面还能当作肥料维持草场土地的肥沃。甚至，因为牛是吃百草长大的，所以白色牛粪被点燃后还有消毒、杀菌、驱虫、净化空气和预防传染病的作用。

对待垃圾的态度，还取决于其新的意义赋予。上文提到的捡牛粪就是一个典型的例子，牧民天天早起都会去捡大量的牛粪，因为牛粪在牧民眼中的意义非同一般。变粪为宝，这既是一种牧民对粪便垃圾的处理方式，也是牧民在长期与草原共生过程中的一种本土经验和生存智慧。关于死亡牲畜的处理，也是一个需要重新认知从而获得启发的典型例子。在 H 牧区当地，死畜也不会随便就被拖出去扔掉，而有一定讲究。当地有一种习俗，即"家畜死了不能埋，需要拖到高处放置"，所以才会出现某个高地有多个死畜集中的现象。究其原因，是因为人们认为"放高处家里的牛羊就会越来越好，放低处是不好的"。也就是说，这是一种心愿祝福和情感寄托，是当地居民不约而同的一种传统行为。H 旗北部的嘎查还保留着游牧文化，大都遵照这种传统，而在南部嘎查，很多牧民将死畜卖给了上门收购死畜的人。可见，传统文化和习俗中的一些意

---

① 洪大用，卢春天，陈涛．环境社会学［M］．北京：中国人民大学出版社，2021.

义，在牧民生活中起到了一个引领行为的作用。如果相关垃圾处理点（或死畜专门处理点）位置的选取与这种意义和习俗一致，就会起到事半功倍的效果。反之，则会出现认为牧民"故意"不拖到垃圾场，"故意"不配合工作的误解，造成问题与矛盾的产生和激化。

四、结语

从绿色社会工作的角度而言，保护环境需要促进社区发展，只有做到促进社区发展才能真正长期的保护生态环境。从城市社区到农村社区，再从农区到牧区，不同的社区面临的具体情境十分不同，因此想要科学高效地解决复杂棘手的问题，不仅要从资金、技术、管理、制度和监督等方面考虑问题，还应从情境、人性、能力、资源和文化等多方面考虑。而后者，是社会工作专业十分擅长的角度和思路。"民族地区的绿色发展，需要充分关注民族地区的生态特殊性和社会复杂性，积极探索生态环境保护与发展方式转型相结合的绿色发展模式[①]。"

垃圾治理是在生态文明体系之下，对垃圾相关问题进行的治理，需强调多种主体，通过平等的合作、对话、协商、沟通等方式进行问题的系统解决。牧区的垃圾治理问题，可以借由绿色社会工作的专业优势，在充分调研当地基本情况的基础上，通过社工的协调，促成各个主体的产生与合力，将牧区的显在优势和潜在优势和资源予以充分挖掘和运用。同时，尊重牧区传统习俗中的生态智慧，与现有的方案计划进行有机融合和处理。寻找到动员相关主体积极参与垃圾治理的具体行动逻辑，从而达到与内在行动系统的高度一致，最终依靠牧民主体，合力协作共同推动牧区垃圾问题的有效治理。

────────── 参 考 文 献 ──────────

包智明，石腾飞，2020. 环境公正与绿色发展 [M]. 北京：中央民族大学出版社.

陈伟东，李雪萍，2004. 社区治理主体：利益相关者 [J]. 当代世界与社会主义（2）：71 - 73.

陈星星，徐选国，2018. 绿色社会工作：迈向生态环境关怀的社会工作新论述：兼论对我国社会工作介入生态文明建设的启示 [J]. 华东理工大学学报（社会科学版），33（3）：1 - 10.

多米内利，2019. 绿色社会工作：从环境危机到环境公正义 [M]. 北京：社会科学出版

────────────────

① 包智明，石腾飞. 环境公正与绿色发展 [M]. 北京：中央民族大学出版社，2020.

社：162.

汉尼根，2009. 环境社会学［M］. 北京：中国人民大学出版社.

何元增，2019. 合作治理：实现草原生态善治的有效路径［J］. 内蒙古农业大学学报（社会科学版），103（1）：8-14.

洪大用，卢春天，陈涛，2021. 环境社会学［M］. 北京：中国人民大学出版社.

曲海月，2017. 浅谈内蒙古农村牧区的垃圾治理［J］. 内蒙古科技与经济（19）：16-17.

张银花，2010. 社区工作［M］. 呼和浩特：内蒙古大学出版社.

张秉洁，讲师。本文系内蒙古高校创新团队发展计划"内蒙古草原生态安全保障能力研究创新团队 NMGIRT2218"、内蒙古自治区高等学校科学技术研究项目"新文科背景下社会工作专业培养方案的课程体系设计及创新实践"（NJSY21497）、内蒙古农业大学教育教学改革研究项目"高校学业困难学生的识别与帮扶——社会工作专业方法的拓展性应用"（SJJX202018）的阶段性研究成果。该文已发表于《内蒙古农业大学学报（社会科学版）》2022 年第 6 期。

社会网络视角下新冠肺炎疫情的
传播路径研究

——基于"扬州疫情"的文献分析

赵纾娇

一、问题的提出

疫情常态化以来，我国的疫情防控取得了显著成效，但是仍存在多点散发的风险，仅 2021 年下半年，就有南京、扬州、黑龙江、新疆、内蒙古、大连等多地暴发疫情，疫情防控任务艰巨，形势复杂。自疫情发生开始，有关"新冠疫情"的研究即已出现。2 年时间，"新冠疫情"已经成为学界关注的焦点。以"新冠疫情"为主题进行搜索，仅在中国知网就可以搜到 18 000 余篇文献，相关研究遍及医疗卫生、金融经济、教育教学、社会管理等多个领域。已有研究虽然存在文献数量大，涉及学科广泛的特点，但其核心观点只有一个，即"疫情防控"。

目前有关疫情防控的研究主要集中在防控手段探讨、防控经验总结、防控技术应用等方面。学者们从建立有机协同机制角度提出，"政府—市场—社会"的有机协同机制是打赢此次疫情防控战的关键，政府防控措施作为政策机制，其作用是主导性的，而公众参与作为社会机制，其作用是辅助性的，它们是我国在短期内有效防控疫情的双重动力。加强重点地区疫情防控，防止疫情向外蔓延是应对新冠疫情及类似疫情的首要任务，对于重点疫区要严格做到"外防输出"，而其他地区则要严格把控"外防输入"。他们认为防控的重点在于重点地区的防控，减少人员接触，但在实施过程中只能从宏观上统一实施防疫措施，无法有针对性防范。

事实上，当前的疫情防控不仅是人员的防控、时间的争夺，也是技术的革命，有学者提出了采用智能闸机技术参与治理疫情的观点，确实，门诊智能闸机的实施为医院疫情防控发挥了巨大的作用。这些研究从宏观层面关注疫情的总体防控，对疫情微观的深入研究相对薄弱，关于疫情传播的途径仅有个别的实验室数据，无法具现疫情传播的真实轨迹。因此，本文选择扬州疫情进行确诊病例轨迹研究，提出有针对性的防疫措施和建议。

二、研究方法

（一）数据来源和变量选择

本研究所使用的数据来源于"扬州发布"公众号，该公众号是扬州日报社的官方账号，疫情数据和轨迹信息均来源于江苏省卫健委发布的信息。2021年7月28日扬州发现首例确诊病例，公众号实时报道，集中爆发在7月29日至8月25日，25日后连续11天确诊病例为0，没有持续暴发，所以选这个时间段进行整理。

本研究提取了新闻报道中各病例的共性，将数据进行统一归纳整理，经过三级编码，最后形成"性别、年龄、居住地（区）、居住地（小区或村）、关联方式、活动轨迹"六个维度的变量，旨在通过探讨新冠病毒在不同性别、不同年龄、不同地区、不同生活方式人群中的传播情况，分析共性，建立网络，探究各网络中疫情传播的媒介。为便于研究，根据确诊病例活动地点和活动内容的不同，将各种生活轨迹做如下归类（表1）。

表1　"扬州疫情"内容分析三级编码情况汇总

序号	网络名称	活动类别	生活轨迹
1	熟人网络	探亲交友类	探亲、访友、会友
2	职业网络	工作类	出差、上班、值班、取货、送货、取菜、卖菜
3	社交网络	休闲娱乐类	打牌、看牌、理疗、娱乐、健身、染发、理发、艾灸、足疗、游泳、就餐、聚餐
4	陌生人网络	公共场所类	去培训班上课、办业务、取快递、买菜、乘车、购物、电器或电子产品维修、去快递驿站、去加油站、去4S店
		医务服务类	就医、买药、陪家人就诊
		疫情防控类	核酸检测、核酸采样、接种疫苗、封闭管理、集中隔离

（二）样本情况

本研究共收集到570例样本，主要分布在扬州市广陵区、邗江区、江都区，覆盖了160个小区。其中，邗江区和广陵区疫情较严重，分别有确诊病例375例和189例，占到确诊病例的65.8%和33.2%。从性别来看，男性240例，女性330例，女性感染者高于男性。感染人群年龄覆盖了各个阶段，其中 18 岁以下 75 例，18～50 岁 185 例，50 岁以上 310 例，分别占到确诊病例的 13.5%、32.1%、54.4%；最小感染者年龄 1 岁，最大 90 岁。居住地在农村的 66 例，城市 504 例，分别占到确诊病例的 11.6% 和 88.4%。

（三）研究假设

根据旅游领域复工复产有关部署，旅行社跨省（区、市）团队旅游业务逐步恢复。各地分批、有序取消疫情严重时期设置的防疫检查卡点，公共交通陆续恢复正常，确保疫情防控期间人员、运输车辆正常通行和重点物资运输通畅。随着国内复工复产的有序推进，餐饮业、旅游业、娱乐业开始陆续恢复，社会流动性增强，频繁的人口流动在带来经济恢复的同时，也导致病毒的外来输入性风险增加，因此疫情源头呈现出外来输入特征。自 7 月下旬起，南京、郑州、扬州等地先后发现疫情，随着疫情出现跨省传播态势，防控压力陡然增大，省外持续输入成为疫情传播的高风险路径。因此，形成假设 1。

假设 1：疫情常态化下，疫情暴发的源头以外省市输入为主。

相对于 2020 年，2021 年中国的经济指标向好，逐步复苏。根据国家统计局网站报道，前三季度，全国居民人均可支配收入同比名义增长 10.4%，社会消费品零售总额同比增长 16.4%，全国规模以上服务业企业营业收入同比增长 25.6%①。居民消费和服务业收入增加，说明社会公众的生活逐步恢复正常，娱乐和社交活动增加。在娱乐、社交过程中往往伴随高密度的熟人交往，这在一定程度上增加了病毒传播风险。因此，形成假设 2。

假设 2a：娱乐和休闲场所构成的社交网络是病毒传播的关键场所。

假设 2b：熟人网络传播和职业网络传播成为病毒传播的重要途径。

根据新闻报道，机场、医疗机构等地频繁出现病例，可见陌生人网络也成为疫情传播的重要途径。南京禄口国际机场员工感染引起乘客和员工家属感染，哈尔滨医院"院内感染"1 例传 43 例，北京海鲜市场三文鱼案板上发现新冠病毒然后出现大范围传播，由此说明公共场所的陌生人网络是疫情传播的主要途径。因此，形成假设 3。

假设 3：陌生人网络是疫情传播的主要途径。

---

① 国家统计局. 前三季度国民经济总体保持恢复态势［EB/OL］.［2021-10-18］. www.gov.cn/xinwen/2021-10/18/content_5643249.htm.

三、研究结果

（一）疫情传播的源头以外省市输入为主，疫情传播呈现网络的传播特征

扬州市疫情溯源结果显示，扬州 1 号确诊病例是一位来自南京的"毛老太"，该病例到扬州后，先到达姐姐家，将病毒传染给姐姐（2 号确诊病例），二人到四季园秋南苑内棋牌室打牌。由于棋牌室人群密集，人员流动性大，因此这也成为本次疫情集中暴发的主要原因，而这位来自南京的老太也被称为疫情暴发的"关键点"。

据报道，扬州本轮疫情主要有两条传播链：一是"棋牌室传播链"，扬州 1 号确诊病例频繁活动在棋牌室等人员密集场所，造成病毒迅速蔓延；二是扬州一核酸检测点出现交叉感染，截至 2021 年 8 月 8 日 24 时，扬州广陵区湾头镇联合村核酸检测点聚集性疫情已致 35 人感染，并出现三代传播，根据追踪到的病例关联数据显示，在扬州市先后确诊的 570 例病例中，1 号病例传播 68 例、2 号病例传播 18 例，为第一条传播链，38 号病例传播 44 例，为第二条传播链。可见，扬州市疫情是典型的"一传多"大规模疫情，表现出网络传播特点。

事实上，外省输入型疫情不止出现在扬州，比如 2021 年 10 月 21—24 日陕西西安发生的疫情由外省旅游团传入，2021 年 1 月 20 日吉林省发生的 1 传 144 的"超级传播"也是由外省的输入病例引起。由此可见，多点散发疫情中，外省市输入是一个重要的传播源，假设 1 得到支持。

（二）熟人网络传播和社交网络传播为主要传播途径，尤其是熟人网络传播更明显

在 570 例样本中，有 320 例样本能够明确追踪到其关联方式，其中，社交网络传播 90 例，职业网络传播 11 例，陌生人网络传播 60 例，熟人网络传播 159 例。从数据结果看，熟人网络和社交网络是最重要的病毒传播途径，假设 2a 得到支持。

对 570 例确诊病例的活动轨迹做词云分析发现，棋牌室是主要关联场所，其中在四季园秋南苑内棋牌室感染 58 例，在宏远棋牌室感染 16 例（图 1）。这些病例中，以 60 岁以上的老年女性为主，其中 61～70 岁 32 例，71～80 岁 29 例，80～90 岁 7 例（表 2）。在感染病例中，男性 20 例，女性 54 例。棋牌室确诊病例与 1 号确诊病例毛老太在个人特征方面具有较强的共性，可见在疫情防控中，在加强娱乐等社交场所防控力度的同时，也要具体分析确诊病例的个人特征，做到有针对性的防范。

图 1   确诊病例关联地点词云图

表 2   棋牌室感染年龄分布

年龄段 （岁）	具体年龄 （岁）	病例数 （例）
41～50	42	1
51～60	51、53、55、57、58	5
61～70	62、63、64、65、66、61、67、68、69、70	32
71～80	71、72、73、74、75、76、77、78、79、80	29
81～90	82、83、84、85、86、87	7

孙廷哲、崔隽发表的《模拟新型冠状病毒肺炎无症状感染者传播风险》的研究结论表明，当前，新型冠状病毒无症状感染者是一类特殊群体，无明显症状，但其病毒载量甚至超过有症状感染者，且也具有一定的病毒传播能力。症状感染者主要通过密切接触者筛查、聚集性疫情调查和传染源追踪调查等途径发现。从追踪到的确诊病例数据看，小区传播是主要途径。在此次疫情中，涉及 160 个小区，其中感染病例超过 10 例及以上的小区有 12 个，共感染 192 例，占确诊病例的 33.7％（表 3）。假设 2b 得到支持。

表 3   感染病例 10 例及以上小区

小区	感染病例（例）
春竹苑	22
冬梅苑	10
广福花园	17

（续）

小区	感染病例（例）
康乐新村	11
南宝带小区	10
平山路 333 号单位宿舍	10
秋桂苑	20
汤汪乡同心村	15
湾头镇联合村	36
武塘小区	11
夏荷苑	13
杨庄街坊	17

（三）陌生人网络传播是疫情传播的重要途径

对扬州疫情病例间的关联方式做导向图可以发现，除了同一小区、打牌等高频词，农贸市场、医疗诊所也成为疫情传播的关键关联地点，说明以公共场所为代表的陌生人网络传播也是疫情传播的重要途径（图 2）。

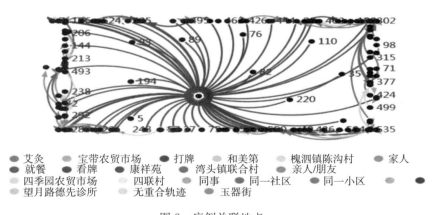

图 2　病例关联地点

进一步对有过公共场所行动轨迹的确诊病例分析发现，其中男性 77 例，女性 104 例；出入医务服务场所的男性 126 例，女性 183 例；出入疫情防控场所的男性 107 例，女性 147 例，各场所女性数量均高于男性（表 4）。因此，有必要加强女性出入公共场所的防范意识。

表 4　陌生人网络与性别的关系

性别	公共场所（例）	医务服务（例）	疫情防控（例）
男	77	126	107
女	104	183	147
合计	181	309	254

分年龄段看，在大型商场、医疗机构、核酸检测点感染的病例中，50 岁以上分别感染 97 例、174 例、130 例；18 岁以下各场所分别感染 13 例、22 例、15 例（表 5）。可见，老年群体感染人数最多，因此要加强老年人的疫情防控意识。

表 5　陌生人网络与年龄的关系

年龄段	陌生人网络感染例数（例）		
	大型商场	医疗机构	核酸检测点
18 岁以下	13	22	15
18～59 岁	71	113	109
50 岁以上	97	174	130

注：陌生人网络包括公共场所、医务服务、疫情防控。

从年龄和陌生人网络的相关分析中可以发现，年龄与疫情防控场所具有显著的相关性。一些疫情防控场所，主要是为大众提供核酸采样、核酸检测的场所，很多都设立在室外，空气传播的风险大；提供医务服务的医院相对于其他公共场所来讲，有较强的防控措施，但是医院常年人流量大，也成为病毒传播的主要场所之一。

四、结论

本文依据 570 例确诊病例轨迹，从性别、年龄、居住地点、关联方式、行程轨迹等各方面进行了分析，通过对确诊病例行程轨迹的研究可以发现，外省输入是疫情传播的主要源头，熟人网络传播和社交网络传播是病毒传播的主要途径，但是陌生人网络的传播也不容忽视，我们有必要从不同社会网络结构特点出发，制定有针对性的疫情防控策略。

（一）加强人口流动管理，注意防范

随着人口流动性增强，疫情传播风险也会加大，大众在进行社会活动时应该增强防范意识，主动加强防控措施。相关卫生疫防部门和检查机构，应该加强疫情防控相关检查力度，保证各单位严格落实防控政策和要求，向公众普及疫情防控知识和法律法规政策，引导公众增强疫情防控意识。对一些人群密集的公共场所来讲，应该增加防控规范检查，做到定期消毒，出入严格登记。对一些大型聚集性活动进行人员和场所限制，避免大规模人群聚集。作为社会公民，大众不仅要保护自己，也要为他人的健康安全负责，做到出入要戴口罩，定期消毒，减少参加聚会次数，避免去人群聚集地区，能不外出则不外出，巩固目前来之不易的防疫成果。对于容易发展成为超级传播者的重点人群、重点区域要做好重点监测，如年龄较大者、体质较弱者、慢性疾病患者等一些群体都容易遭到病毒入侵，要格外注意防护。

（二）加强熟人间的防控，日常交往保持安全距离

熟人关系是社会网络中的强关系。在确诊病例中，有大部分都是确诊病例的密切接触者，尤其是家人、朋友，这就说明在疫情防控中应该重视熟人关系。

熟人网络主要可以分为以下几个部分：家人、同事、朋友等。家庭成员之间共处一室的生活环境，造成聚集性疫情主要出现在家庭，家庭聚集性疫情占79％。家庭环境核酸检测发现频繁接触的物体表面新冠病毒核酸检测呈阳性；医院病房的各种物表，如马桶、水槽、窗台、桌椅、地板等部位检出核酸阳性；病例家中门把手检出核酸阳性。在疫情防控中，个人防护很重要，这不仅事关自己的生命健康，也是对朝夕相处的家人的一种保护。对居民个人来讲，疫情防控期间应减少外出次数，做好自我防护，在日常生活中应养成戴口罩、勤洗手、勤消毒的好习惯，如遇身体不适要立刻就医；对于家庭来讲，应注重居住环境的卫生，勤开窗通风，避免或减少家庭成员间的传播。对于无症状感染者和密切接触者，可在家中实行自我隔离，阻断与外界的传播。

工作场所暴露是同事间感染的主要途径。对聚集性疫情的研究表明，工作场所暴露占3％左右，工作场所内人员集中，容易造成聚集性疫情，应做好人员健康管理。对于与物流、进出口贸易、冷链等相关的和外事务联系较频繁的工作场所，根据疫情或工作状况，可对员工进行定期核酸检测和健康检查，尤其是对在一线工作的人员防护要更加严格。对于其他感染风险较小的工作，不仅员工个人要做好疫情防控工作，公司也应该建立一个环境良好的办公环境，定时消毒，从而降低工作场所感染疫情的风险和概率。

在疫情防控阶段，朋友之间应减少聚会的次数，网上社交也是一个安全的选择，人们可以通过"云社交"的方式交流，避免聚集，从而减少感染风险。

（三）加强社交网络中重点地域的管理

首先，各公共场所应该根据自身不同的性质职能设置不同的疫情防控要求，将不同方面的负责人都落实到位，设立疫情防控监督通报机制，确保该场所可以贯彻落实好上级部门的疫情防控要求。不同地区的卫健委或相关防疫部门，可依据当地实际情况按照属地管理的原则，组织县、区卫生健康监督机构定期、不定期对有序复工的公共场所经营单位依法科学开展监督检查，对常态化疫情防控措施落实情况进行全面、细致巡回监督，对检查中发现的问题现场反馈，当场下达卫生监督意见书，要求立即整改。公共场所疫情防控期间根据防疫等级划分，顾客实行预约服务，携带身份证件或按照所属辖区防控机构要求进行互联网信息登记，采取限流、疏导等措施严控入店人数，避免人员聚集。

其次，要加强重点人群的管控，特别是保安、保洁等需要接触大量人员的职业。对长期在公共场所工作的人，应该在其上岗前对其进行防疫知识和应急事件处理的培训，帮助他们建立专业的防疫知识体系。另外，还要保证其防疫物资充足使用，越是在人群聚集地区工作的职员越应该得到保证。在很多商场、机场等人流量大的公共场所工作的保安和保洁人员的口罩、手套等抗议物资的使用都不规范，不在规定时间更换、消毒也会增加其感染风险。对于进出公共场所的人员应该做到严格的排查和登记，并对其进行一定的清洁消毒工作。公共场所工作人员有义务提醒和帮助大众做好个人防护，保持相处的安全距离。

再次，公共场所的不同区域应配备不同的消毒产品，并依据各区域人员流动程度和密集状况做好清洁消毒时间和次数的安排工作。对于商场、超市、酒店、宾馆、理发店、影院、博物馆、候车室等公共场所的清洁消毒，应加强公共场所清洁人员对消毒产品的使用培训工作；对需要稀释使用的消毒剂，应配备有刻度的稀释瓶或相似物品，以便合理使用消毒剂。

最后，应该细化管理措施，对不会使用或没有智能手机的老年人或儿童等群体做好服务和工作引导，精简登记手续，为其提供人性化的便利服务。现在的防疫信息记录主要依靠网络大数据平台，信息化的记录方式更快速便捷，但对很多老年人群体来讲确实是一件头疼的事情，在公共场所应该设立专门服务于老年人的咨询处，为其办理登记手续，帮助他们即便在没有手机网络的情况下也能正常享受公共服务。另外，对很多查验健康码、行程码的场所应设立实时动态扫码功能，规避部分投机人员使用他人二维码、一个二维码使用多天多次的情况。

（四）加强重点公共场所的卫生防疫

医院等医疗卫生机构是抗击和预防疫情的主要阵地，同样也是病毒可能聚集的地方，再加上医院人流量大，人群密集，疫情一旦在医院传播，那将会造成严重的后果，因此对医疗卫生机构进行疫情防控更为重要。

医护人员具备一定的医护知识，在防控措施方面更专业、更精准。医护人员在工作时要注重自我防护，特别是对隔离区的病人，实行"专人专管"的方法，令每个区域都有固定医疗人员服务，避免医护人员间的大规模感染状况发生。要加强重点科室和普通科室、发热患者和普通患者的区别管理，特别是进一步强化发热门诊的管理，根据防疫步骤严格落实好患者引导分流，避免患者集中现象；实行预约分诊，合理安排医护人员，减少人群聚集，避免交叉感染风险；落实发热病人留观制度，从发热源头排查疫情。

"术业有专攻"，专业的工作应该由专业人员完成，传染病属于突发公共卫生事件，为应对突发事件，应该加强医护人员的危机意识和应急技能培训，行成完整的应急预案。各科室应该依据自身性质和工作内容不同，对医护人员进行不同程度的疫情防控知识技能培训，从而使全体医护人员掌握预防新冠感染的方法、知识与技能，特别是核酸采样和检测的室外工作人员，应更加注意防护并掌握专业的预防技能。

对出入医院的人员要进行严格检查，需要提供 48 小时核酸检测阴性证明、行程轨迹和防疫健康码。对陪床人员进行统一管理，病人家属进出医院看望病人也需要进行严格管理。针对一些基础疾病，医院可开通线上咨询功能，通过微信公众号让大众可以实现"在家问诊，线上治疗"，医院与指定药店联合提供送药上门服务，减少群众出门就医次数，避免医院患者大规模聚集和医疗人员超负荷工作。

总之，医院等医疗机构和大众要同时做好预防管控，构建好医患网络，真正做到"内防扩散、外防输入"。

五、讨 论

当前，新冠肺炎疫情仍在全球蔓延，境外输入风险、国内散发病例风险和局部暴发疫情的风险依然存在，应继续全面落实"外防输入、内防反弹"的总体防控策略。通过对扬州 570 例确诊病例行程轨迹的研究，可以发现外省输入是疫情传播的主要方式，熟人网络和社交网络是病毒传播的主要途径，尤其是熟人网络。

本文依据 570 例确诊病例轨迹，从性别、年龄、居住地点、关联方式、行程轨迹等各方面进行了分析，讨论出集中暴发大规模疫情的传播路径，并依据传播网络提出加强疫情防控的措施，文章虽然只是对扬州疫情确诊病例进行了分析，结果与个人活动偏好、地区习惯等密切相关，不能代表所有地区，但能够在一定程度上反映病毒传播的路径，有条件的话还要继续分析更多地区、更多病例的情况。

参 考 文 献

超级传播者不是传说，松懈不得［EB/OL］. （2021-01-18）. https：//baijiahao. baidu.
　com/s? id=1689204248470984020&wfr=spider&for=pc.
郭文璇，房昊，2021. 人口流动、传染病蔓延应急管控与中国新冠疫情防控经验［J］. 中
　国经贸导刊（中）（10）.
姬政鹏，2021. 后四个月电影市场依然被业内看好［N］. 中国电影报，2021-08-18（5）.
交通运输部，2020. 关于稳妥有序恢复省际旅游客运 切实做好常态化疫情防控工作［EB/
　OL］. （2020-07-21）. jtt. ah. gov. cn/public/201701/119263801. html.
李青娟，孙建丽，2021. 新冠肺炎疫情防控中的协同治理机制探究［J］. 经济研究导刊，
　2021（27）.
刘建忠，郭中起，刘晓鹏，等，2020. 浅谈卫生监督机构在公共场所传染病疫情防控中的
　作用［J］. 医学动物防制（10）.
刘钦，张学玲，2021. 新型冠状病毒肺炎聚集性疫情流行病学特征研究进展［J］. 河南预
　防医学杂志（10）.
鲁肖麟，边燕杰，2021. 疫情风险治理的双重动力：政府防控措施与网络公众参与［J］.
　江苏社会科学（6）.
随东辉，魏建华，2020. 由新型冠状病毒肺炎疫情消毒引发的公共卫生思考及建议［J］.
　日用化学品科学（12）.
孙廷哲，崔隽，2021. 模拟新型冠状病毒肺炎无症状感染者传播风险［J］. 中山大学学报
　（自然科学版）（5）.
孙婉蓉，徐梅，李昕，等，2020. 新型冠状病毒无症状感染者 20 例临床特征分析［J］. 军
　事医学（10）.
温义涛，张雁宏，2020. 新冠肺炎疫情防控大同市公共场所复工营业卫生监督对策研究
　［J］. 中国卫生监督杂志（5）.
杨智晨，王方方，武宇希，等，2021. 新冠肺炎疫情的网络结构特征及防控对策：基于社
　会网络视角［J］. 统计与管理（10）.
在做好疫情防控同时——路畅人通! 各地交通陆续恢复［EB/OL］. （2020-02-21）.
　http://www. gov. cn/xinwen/2020-02/21/content_5481553. htm.
张亮，2021. 对新冠肺炎疫情常态化防控策略的探讨［J］. 铁路节能环保与安全卫生（5）.
张小亮，荆芒，单红伟，等，2021. 基于人脸识别和互联网＋技术的门诊患者进出管理应
　用思考［J］. 中国医疗设备（11）.

赵纾娇，2019 级社会工作专业本科生。该文荣获《第十三届中国社会工
作大学生论坛暨第六届研究生论坛（本科组）》二等奖，指导老师尚艳春。

"双减"背景下初中生自我效能感
提升的重要性研究

黄芷珊

引言

2021年7月，中共中央办公厅、国务院办公厅印发《关于进一步减轻义务教育阶段学生作业负担和校外培训负担的意见》。意见提出，"强化学校教育主阵地作用，深化校外培训机构治理""现有学科类培训机构统一登记为非营利性机构""校外培训机构不得占用国家法定节假日、休息日及寒暑假期组织学科类培训"。此次出台的"双减"政策，是教育深化改革中不可缺少的环节。它给教育培训机构带来了沉重打击，也对学校教学质量提出了新的要求。它对家长和学生而言，也是一大挑战，家长和学生需要对此做出转变。对于学生而言，从小学升入初中是一个转折期。在这个时期，学生的身心发展还不够完善，学习的自觉意识尚未建立，社会交往能力较弱，情绪调节能力有待提升，此阶段是青少年能力培养的重要时期。

在"双减"政策背景下，本研究从社会工作专业价值、社会工作专业理论及方法出发，以个体、个体的行为和环境三者之间的交互作用为视角，以学业、社交和情绪调节自我效能感的内涵为基点，思考在"双减"背景下提升初中生自我效能感的重要性。由于学业自我效能感、社交自我效能感和情绪调节自我效能感的提升对初中生成长成才有着重要的促进作用，根据初中生自我效能感的现状，本研究提出学校社会工作助力初中生自我效能感提升这一新的关注点，为我国社会工作实务提供"新方向"。同时，本研究不仅对初中生身心健康发展有着重要作用，而且对家庭和睦、学校和谐与社会稳定有着促进作用。

一、自我效能感与学校社会工作的概念

（一）自我效能感的概念

1. 自我效能感的内涵与概念

"自我效能感"是班杜拉提出来的，他认为，人类的行为不仅受行为结果

的影响，而且受人对自我行为能力与行为结果的期望的影响。他发现，即使个体知道某种行为会导致何种结果，也不一定会去做这种行为或开展某项活动，而是首先要推测一下自己有没有完成这一项目标的能力与信心，这种推测和估计的过程，实际上就是自我效能的表现。

班杜拉曾经指出，儿童、青少年的自我效能感主要包括三个维度：学业自我效能感（Academic self‐efficacy）、社交自我效能感（Social self‐efficacy）和情绪自我效能感（Emotional self‐efficacy）。

2. 影响自我效能感的因素

班杜拉及其同事对自我效能的形成做了大量研究，并一再指出，个人自我效能信念的形成，是建立在行为的成败经验、替代性经验、言语劝说及情绪与生理状态这四种信息根源之上的。他主张将行为和认知相结合，以环境、行为、人三者之间的交互作用来解释人的行为。

（二）学校社会工作的概念

学校社会工作是指政府、社会各方面力量或私人经由专业工作者运用社会工作的理论方法与技术，对正规或非正规教育体系中全体学生，特别是处境困难学生提供的专业服务。

学校社会工作属于场域概念，面向的群体有学生、老师和家长，学校社会工作的开展更多地是以学校为主要场域来帮助学生或者学校解决问题。对此，学校社会工作开展服务的形式有很多，社会工作机构向学校派遣驻校社工，与辅导工作相配合，与青少年中心服务工作配合等形式开展社会工作的相关服务。

二、"双减"背景下提升初中生自我效能感的重要性

"双减"政策的出台与落实是对我国教育格局的重大调整，是对公益属性的坚守，是对教育观念的纠偏，也是对教育规律的再认识。"双减"政策的出台有助于良好健康教育生态的形成。落实"双减"政策是缓解社会焦虑情绪，建设高质量教育体系和建构良好教育生态的必由之路。

"双减"减去的是中小学生过重的课业负担，其中初中生受的影响几乎是最大的。根据第八次全国学生体质与健康调研显示，"我国学生体质与健康状况总体改善，初中生最为明显"，由此可见，"双减"政策对初中生健康发展的作用尤为突出。成都市实施"托管＋拓展"课后服务模式是对"双减"政策的落实，课后服务包括为学生提供体育、科技、艺术等兴趣社团课程，对初中生健康发展有着极大的促进作用。

如班杜拉所言，对生活环境进行控制的努力几乎渗透人一生的所有行动之中。"双减"政策的实施更加促进了初中生这一主体对生活环境的控制，即自我生成能力的提升，以此给个人变化与社会变化提供有效的改变手段。自我效能感出自动机理论中的认识理论，自发的动机是初中生学习行为的内在动力。在动机驱使下，学生对自身的学习行为进行调节和控制，以此对学习产生浓厚的兴趣。以下内容将从三个方面来说明"双减"背景下提高初中生自我效能感的重要性。

（一）学业自我效能感提升，助力初中生学业成绩进步

学业自我效能感是指个体对自身成功完成学业任务所具有能力的判断与自信，是影响学生学习动机和学业成就的关键因素，也是学生自我导向学习的内驱力，内驱力是影响学习动机的重要因素之一。

"双减"背景下，学生学业的提升除了依靠学校这个"主阵地"之外，几乎没有其他外界的助力因素，因此学生只能将学业自我效能感作为内驱力，进行自主学习，以此促进学业成绩进步。自信地投入学习能够使初中生更好地掌握丰富的科学文化知识。学业自我效能感包括学业能力效能感与学习行为效能感两个方面。前者指学生对自己是否能够成功地进行某一方面学习，是否取得好成绩的主观判断；后者指学生对自己能否达到学习目标相关行为的判断。

本部分内容根据学业能力效能感与学习行为效能感，从三个方面论述学业自我效能感的提升对初中生学业成绩进步的作用。

1. 学业自我效能感的提升，会促进初中生选择更具挑战性的选项

提升初中生的学业自我效能感会促进学生选择难度系数更高、更有挑战性的选项，这在学习、生活方面都可以得到体现。如较高的学业自我效能感会驱使初中生在中考选学校时敢于选择更高分数的高中，让学生能够勇于面对学习生活中遇到的各种困难。提升初中生学业自我效能感有利于提升其学业成绩，同时可提高其自信，让其选择更具挑战性的选项。因此提升初中生的学业自我效能感对他们的学业成绩进步起促进作用。

2. 学业自我效能感的提升，有助于减少初中生畏难情绪的产生

具有较高自我效能感的学生愿意对高难度系数的任务付出更多的努力，而具有低自我效能感的学生则相反。如一些学生会对题目进行"一题多解"，这是面对困难不断钻研、为解决问题付出更多努力的表现，也是高自我效能感学生的行为表现。马斯洛需求层次理论提到，人的最高层次需要是自我实现需要，它表现为人们向上发展并充分运用自身才能、品质、能力并使之完善。即便遇到挫折也能充满自信心，是高自我效能感者所拥有的品质。学生能够完成"一题多解"，是学生对自身潜能的不断追求，是对其自身能力的肯定，从中他

们能够获得"自我实现需要"的满足。所以，提升初中生学业自我效能感可以让初中生更具有坚持的品质，在面对学业压力与挫折时，会努力寻求各种办法去解决，不会轻易放弃。

3. 学业自我效能感的提升，有助于初中生自主学习意识的培养

研究发现学业拖延与学业自我效能感低显著相关，高学业自我效能感学生的学业拖延发生率要显著低于低学业自我效能感学生的学业拖延发生率。拖延是阻碍学生学业成绩进步的一大要素，提升学生的学业自我效能感能减少学生在学习上的拖延现象，以此培养他们的自主学习习惯。除了学业拖延是学生自主能力缺乏的表现外，较低的自控力也是学生自主能力缺乏的表现。在"双减"背景下，学生不能去补课班上课，在家长不能辅导的情况下，学生更需要提高自控力、养成自主学习的好习惯。学业自我效能感的提升能够促进学生养成自我导向学习的内驱力，内驱力是影响学习动机的重要因素之一，学生的内驱力与自我管理能力对学业进步起促进作用。

（二）社交自我效能感提升，助力初中生社会交往能力的提升

社交自我效能感（social self‐efficacy）是指个体对自己在社会交往中获得、维持人际关系能力的信念，特别是被同龄群体接纳和认可的信念。社交自我效能感是影响个体参与社交活动的一个重要因素，决定着个体对行为活动和特定社会情境的选择。社会交往能力由人际情感能力、人事记忆力、人际关系理解力、人际想象力、行为和表达力、合作与协调能力构成。

在"双减"背景下，学校主阵地的地位和作用更加凸显。初中是小学到高中的重要过渡时期，学校对学生的成长起着至关重要的作用。学生在学校学习生活中与老师、同学等不同群体进行交流、交往是必须的，因此社交自我效能感的提升，对学生在校与他人交往有着极大的帮助，而且从马斯洛需求层次理论来看，社交自我效能感的提升可以满足初中生不同层次的需要。

提升社交自我效能感能够满足初中生"归属与爱的需要"。根据马斯洛需求层次理论，"社交需要"即"归属与爱的需要"，"归属与爱的需要"是初中生应该被满足的一个需要层次。在学校通过结交朋友、参加团队活动，从而获得某种"地位"是初中生的社交需要，这就要求学生具备社交能力。社交自我效能感是青少年认为自己有能力与他人建立良好社会交往关系的能力，具有高社交自我效能感的个体往往性格开朗、热情，能够站在他人角度考虑问题，具有较好的共情能力，可以较为放松地展示自我并与他人进行交流。由此可见，较高的自我效能感可以帮助学生更好地融入集体，从而满足初中生"归属与爱的需要"。

提升社交自我效能感能够满足初中生"尊重的需要"。"尊重的需要"包括

两种，第一种是"自尊"，"自尊"就是对自我的肯定，即可以使人相信自我的力量与价值，使其在学习、生活中具有更强的能力，更具创造性，从而成为更优质的人才。第二种是得到别人的尊重。初中阶段的学生处于青春期，自我意识受他人评价等外界因素影响较大，受自身内部因素影响较小，因此更需要提升社交自我效能感，以减少外界因素的干扰而影响与他人的交往。

不仅如此，有研究发现，社交自我效能感和社交满意度与交往焦虑间存在负相关，即学生社交自我效能感和社交满意度越高，交往焦虑水平越低。社交自我效能感和社交满意度是影响学生社会交往发展水平的重要因素，具有较高水平社交自我效能感和社交满意度的学生往往乐于与他人进行社会交往，并能在社会交往中获得积极心理体验，提高个体的主观幸福感和生活满意度，进而降低交往焦虑水平，促进社会交往能力的积极健康发展。

因此，在"双减"背景下，提升初中生社交自我效能感可提高其社交能力与信心，帮助其与他人交流，提高其社会交往能力。除此以外，学生也能从中获得"归属与爱的需要"与"尊重的需要"，让学生在求学道路上能够有着不同的收获，也更利于学生健康成长，成为全面的综合型人才。

（三）情绪调节自我效能感提升，助力初中生身心健康发展

情绪调节自我效能感是指个体对自己情绪调节能力的自信水平，包括积极情绪调节效能感与消极情绪调节效能感。前者指当遇到成功或愉快的事件时，个体允许自己表达快乐等积极情绪的能力；后者指当个体遇到难以应对的事件时，能够调节自己负面情绪的能力，包括调节沮丧、生气等情绪，不同个体的情绪调节效能感水平可能存在差异。

在"双减"政策落实前，繁重的学业压力导致学生情绪过度紧张，容易产生消极情绪。对于消极情绪的处理，不同的个体存在差异。对此，情绪自我效能感能够作为内驱力对初中生的消极情绪发挥调节作用。

有着较高情绪调节自我效能感的学生能够较好地调节负面情绪，将适度的紧张和焦虑化为解决问题的动力。比如，拥有高情绪调解自我效能感的学生在面对学习"竞争对手"时，不会过分焦虑慌张，会相信自己的能力，按照自己的学习节奏有条不紊地完成学习任务。相反，情绪调节自我效能感低的学生在同等情况下，容易过度紧张与焦虑，从而导致自我内耗。

若情绪调节自我效能感低的学生未能对不良情绪进行调节，可能会为了获得更好的成绩而不惜"内卷"，出现非理性的内部竞争或"被自愿"竞争的现象。在"双减"政策落实前，情绪调节自我效能感低的学生可能会通过课外花时间去补课班补习的方式来超过其他同学；在"双减"政策推行后，这些学生可能也会通过另外的方式花大量时间"内卷"，希望在学业上能够超越其他同

学。因此，通过对自我情绪状态的认识，对自己的正、负面情绪进行情绪自我效能感的管理与调节，对于初中生在学习中自信心的提高，对其未来生活中每一件事情的解决都有着重要的促进作用。让其在面对难以应付的事情时都保持淡然的态度，拥有稳定的情绪，从而帮助学生减少自我内耗。

相关研究表明，情绪调节自我效能感是影响主观幸福感的重要因素，可以使个体有效应对压力、提高人际关系质量、提高主观幸福感，还对亲社会行为、犯罪行为、抑郁、成瘾行为等发挥重要的调节作用。因此，提高初中生情绪自我效能感是十分必要的，情绪调节自我效能感提升能够助力初中生身心健康发展。"双减"政策的出台就是为了缓解学生、家长、学校和社会的焦虑情绪，减少学生的学习负担，减轻他们的精神压力，促进学生的身心健康发展。

三、学校社会工作在"双减"背景下的"新面向"

（一）学校社会工作助力初中生自我效能感提升的路径

本节从自我效能感的重要性角度出发，思考学校社会工作助力初中生自我效能感提升的路径。初中生自我效能感的提升，是内外部因素共同作用的结果，自身自信心、人际关系、家庭教育模式和班级氛围等都是其中重要的因素。班杜拉指出可以通过增加个体对成功的体验、增加替代性经验、语言说服、培养和调节情绪和生理状态四条途径来培养自我效能感。因此，初中生自我效能感的提升也可以从这四条途径出发加以思考。

在义务教育改革背景下学校社会工作的开展更应该重视学生的自我效能感提升。例如，驻校社工应把"助人自助"的核心价值理念贯穿服务始终，对初中生开展服务时要着重提升他们的自我效能感，并以此作为内驱力助力其解决青春期遇到的问题。当然还要在活动开展时，通过相关情境的设计，让学生充分获得成功的体验。通过亲身经验以及成功经验传授等间接方式，提高学生的自我效能感。较多的成功体验会使人建立起稳定的自我效能感，能够使学生不会因为一时的失败而挫伤其自我效能感。

由于自我效能感的提升对初中生的身心健康发展有着重要作用，因此学校社会工作应将提升学生的自我效能感作为重点工作来抓，通过自我效能感的提升助力学生解决学业、社交等成长困惑。在"双减"背景下，学校社会工作也应该注重学生自我效能感的提升，从中思考社会工作在学校场域对学生成长困惑解决的更好的方法，进而提升学校社会工作的专业水平，找到开展服务新的关注点。

（二）学校社会工作助力初中生自我效能感提升新的关注点

学业自我效能感、社交自我效能感和情绪调节自我效能感的提升对初中生成长成才有着重要促进作用。立足"双减"背景，根据初中生自我效能感的现状，提出学校社会工作助力初中生自我效能感提升新的关注点，从而为我国社会工作的实务提供"新方向"。

1. 初中生自我效能感的现状

初中是小学到高中的重要过渡时期，此阶段学生的心智慢慢变得成熟，学业慢慢变得复杂。在此阶段每位学生成长的路径并不相同，对自我的评价与态度也不同，因而初中生的自我效能感存在差异。

研究表明，多数初中生的一般自我效能感处于较高水平，且男生的自我效能感水平一般显著高于女生。部分从小在"打压式"教育模式下成长的初中生自我效能感略低。有研究发现初中生的社会支持水平越高，其自我效能感越高，而焦虑水平越低。也有研究表明，自我效能感也受年级等因素影响。一般年级越高，自我效能感越高。自我效能感存在显著的性别差异、年级差异、生源地差异，在家庭结构上并无显著差异。

2. 三个新的关注点

（1）更加强调环境的系统介入

由于个体的行为受环境的影响，因此学校社会工作的开展可通过开展小组工作、个案工作等方法，为学生营造气氛融洽、环境愉悦的班级环境。除学校环境外，家庭环境也对个体产生重要影响，如亲子间的关系，因此学校社会工作也可通过亲职教育的开展，帮助家长成为"合格父母"，以此通过环境的改变加上对个体心理的疏导，帮助学生解决当前的困境。对此，当学校社会工作者面对需要帮助的学生时，不仅应该对他们当前现状进行关注，帮助他们调节情绪，还应该对他们所处的环境进行关注，由此系统地进行介入，以此让其在充满自信的状态中学习、生活，解决成长道路上的困惑。

（2）实行差异化帮助

学校社会工作的开展应根据不同性别、年级的需要，对其进行具体差异化帮助。初中生自我效能感存在显著的性别差异，男生高于女生，这与我国一些传统社会文化观念有着重要关系。因此，我们应该更加关注初中女生自我效能感的提升，关注其情绪。由于不同年级的学生的自我效能感有着差异，学校社会工作应该根据学生的年级开展有着不同侧重点的服务。如初一年级的学生正处在"小升初"的转变阶段，其一般自我效能感较低，受外界因素影响较大。对其最大的工作是"助其适应"学习、生活，让他们从心理、学习和生活等方面适应转变。初二年级的学生，处于初中时期较稳定的阶段，有着较为固定的学习、生活方式与交际圈，他们的自我效能感比初一年级的学生高，自我效能感受自我判断较多，受外界环境影响较少。初三年级学生经过两年的学习，已经对自身有了充分的认识，形成了固定的学习、生活方式与交际范围，在学习方面也找到了自己的"道"，学习自我驱动力较强，因此初三年级的学生有着较高的自我效能感。因此学校在面对不同年级的学生开展社会工作时，应根据学生的性别、年级阶段、自我效能感的程度，对其有针对性地开展服务。

（3）为学生营造良好的校园环境

由于平和、中等强度的情绪有助于自我效能感的形成，因此充满自信与自尊的人以及内控型的人自我效能感水平较高。气氛融洽、愉悦的环境可促进个体自我效能感的提升。学校是学生认知能力培养和社会经验形成的重要场所，也是学生成长的最重要的地方之一，为他们提供轻松、和谐的学习环境，其自我效能感也会得到提升。因此，为学生营造良好的环境，也是学校社会工作的重要任务之一。

四、结语

在"双减"背景下，学校主阵地的地位和作用更加凸显。在初中这个从小学到高中的过渡时期，学校对学生的成长起着重要作用。本研究总结出提高初中生自我效能感的重要性，并从学业自我效能感、社交自我效能感与情绪调节自我效能感三个维度，思考得出在"双减"背景下，学校社会工作助力初中生自我效能感提升的路径与三个新的关注点：更加强调环境的系统介入，实行差异化帮助，为学生营造良好的校园环境。对此我们应该反思在应试教育催生的"唯分数论""唯升学论"大环境下，家长、学校对成绩的"绝对重视"使大多数学生只对分数敏感，容易使其产生不合理的学习动机。有些学生会认为学习的目的就在于进入更好的高中，以便找到更好的工作。但这种"认为学习的内容只是考试中助力考取高分的知识"的观点，是失之偏颇的。我们需要对此加以思考："我们进入更好的学校，为了未来的高薪高职真的就是学习的目的吗？学习的目的不是为了自己能够成为更好的人吗？"寻回教育的本质是必要的，在每天的学习中都能收获各种各样的东西。其中，学到的科学文化知识，或是在学习中培养的学习习惯与方法，又或者是在求学路上认识到的伙伴，同学之间的沟通交流等这些都是收获。在"双减"推行下，学业自我效能感、社交自我效能感和情绪调节自我效能感的提升更加有利于初中生健康成长，更利于全面、创新型人才的培养，并寻回教育的本质。

──────── 参 考 文 献 ────────

班杜拉，2003. 自我效能：控制的实施［M］. 上海：华东师范大学出版社.

曹果果，2016. 大学生学业拖延与学业自我效能感的关系研究［J］. 亚太教育（1）.

陈达辉，李国利，段永恒，等，2021. 高中生自我控制与学业自效能感关系：有调节的中介效应［J］. 中国健康心理学杂志（10）.

成都市实施"托管＋拓展"课后服务模式. 中共四川省委教育工作委员会四川省教育厅，2021.

中华人民共和国教育部，2021. 第八次全国学生体质与健康调研结果［R］.

窦凯，聂衍刚，王玉洁，等，2013. 青少年情绪调节自我效能感与主观幸福感：情绪调节方式的中介作用［J］. 心理科学（1）.

高建江，1992. 班杜拉论自我效能的形成与发展［J］. 心理科学（6）.

高申春，2000. 自我效能理论评述［J］. 心理发展与教育（1）.

李海斌，韩英，2016. 大学生一般自我效能感与人际交往能力、社交焦虑的关系研究［J］. 教育现代化（38）.

李洁，宋尚桂，2013. 大学生学业自我效能感、学业情绪与学习适应性［J］. 中国临床心理学杂志（9）.

李晓凤，2010. 学校社会工作［M］. 北京：中国社会出版社.

戚江丹，黄大炜，刘潇，等，2020. 初中生自杀意念的现状及网络社交自我效能感、孤独感的作用［J］. 中国健康教育（5）.

史柏年，2007. 社会工作实务（中级）［M］. 北京：中国社会出版社.

覃江霞，姜永志，白晓丽，2018. 青少年社交自我效能感和满意度对移动社交网络使用与交往焦虑的作用［J］. 中国学校卫生（4）.

汤冬玲，董妍，俞国良，等，2010. 情绪调节自我效能感：一个新的研究主题［J］. 心理科学进展（4）.

田学英，卢家楣，2012. 外倾个体何以有更多正性情绪体验：情绪调节自我效能感的中介作用［J］. 心理科学（3）.

徐双媛，孙崇勇，高春阳，等，2016. 初中生情绪调节自我效能感在学业负担态度与学校满意度间的中介作用［J］. 中国学校卫生（8）.

袁美，2018. 初中生自我效能感现状调查及教育启示［J］. 人力资源管理（3）.

张志勇，2021. "双减"背后教育观念的大变革［J］. 湖北教育（8）.

郑姚庆，2003. 学生社会适应能力的培养：论体育教学与学生社会化［J］. 广州体育学院学报（4）.

　　黄芷珊，2020 级社会工作专业本科生。该文为《第十三届中国社会工作大学生论坛暨第六届研究生论坛（本科组）》发言论文，指导老师石昱岑。

社会工作介入农村在家务农人员相对剥夺感的研究

——以内蒙古自治区赤峰市敖汉旗木头营子乡为例

李建华

一、研究背景

改革开放以来，伴随着社会的转型，城市化进程不断加快，城市中出现越来越多农民工的身影，他们因各种各样的原因走出农村到城市谋求发展，收入提高的同时他们的家庭也面临着空巢老人和留守儿童等问题，所以还有一部分人始终没有离开那片养育他的土地，也就是本研究的主体——农村在家务农人员。

一方面，空巢老人问题和留守儿童问题已经成为很严重的社会问题，亟待解决；另一方面，中国作为一个人口大国，粮食问题直接影响人民群众的生活满意度和幸福感。那么农民群体作为粮食的生产者、家庭中获取收入的重要成员，他们用自身庞大的数量表明农民已然是社会上一个不可忽视的群体，如何保障他们的身心健康发展也就成了一个摆在全社会面前刻不容缓的课题。

我国自古以来就是一个农业大国，虽然改革开放以来无论是在经济还是在文化、政治制度等方面都有了快速发展与不可思议的变化，但是传统的"安土重迁"思想还深深扎根在一些比较落后、偏僻的地方。由于受教育程度以及接触外界信息的程度不同，加之每个家庭的内部情况不同，就导致有一部分农民选择外出打工成为农民工，一部分依然在家务农。初期外出务工赚到钱回来的人回到村里带动了越来越多的人外出务工，最后留在家里面的农民绝大多数都是因为各种原因不能出去的，那么这些人就更加需要关注。比较之下，在家务农人员容易产生相对剥夺感，这种心理状态的产生不仅不利于提升其生活满意度和幸福感，更不利于社会的经济发展和安定和谐，也不利于劳动生产的进行。

二、相对剥夺感概念界定

(一) 国内外综述

最早提出相对剥夺感概念的是美国学者斯托弗，他在《美国士兵》(1949)中首次阐述了这一概念。虽然他并未对相对剥夺感给出正式定义，但自他开始，个体相对剥夺感逐渐成为社会心理学领域里广为关注的对象。从社会比较到归因理论，再到社会认同理论，都有个体相对剥夺感的身影。1957 年罗伯特·默顿出版了《社会理论与社会结构》一书，该书系统地阐述了相对剥夺感，并形成了参照群体理论。参照群体理论认为一般人评判自己生活的好坏都是通过和周围人相比较来得出结果，这里的周围人就是所谓的参照群体。默顿认为人们评判事物时常常与不同的群体进行比较，而与不同的参照群体进行比较会产生不同的心理感受。当与比自己次一级的群体进行比较时容易产生满足感，与自己高一级的群体比较时可能产生两种不同的感受，一种是向上奋斗的进取心，另一种就是本研究要探讨的相对剥夺感。

英国学者卢西曼在 1966 年的调查研究中打破了以往学者仅仅从社会学和心理学去定义相对剥夺感的观念，他从一个全新的视角——经济学来定义相对剥夺感。相对剥夺感是一种心理作用，这种作用源自自己和已经获得某种东西的他人的比较，自己也渴望能够得到这样东西，并认为自己有能力去得到它，但是却没有得到。卢西曼从这个视角定义相对剥夺感为后人定量分析相对剥夺感奠定了基础。

国内学者关于相对剥夺感的研究是随着社会转型的深入而不断增多的。通过对已有文献的梳理可以看出，大多数学者是从客观和主观两个大的方面来解释相对剥夺感的产生。王思斌 (1988) 认为，相对剥夺感的产生受主观、客观、社会、心理、文化等多种因素影响。他认为，不同个人或群体在经济收入、社会中的权力和地位、社会声望等方面的实际差距是相对剥夺感产生的客观原因。社会比较、社会认知差异等是导致相对剥夺感产生的主观原因。[①]

(二) 概念界定

本研究所使用的相对剥夺感的概念界定为：相对剥夺感是指当人们将自己的处境与某种标准或某种参照物相比较而发现自己处于劣势时所产生

---

① 马恒芳. 社会工作介入流动妇女相对剥夺感问题的实务研究：以濮院镇流动妇女为例 [D]. 大庆：东北石油大学，2017。

的受剥夺感，这种感觉会产生消极情绪，可以表现为愤怒、怨恨或不满。简单而言，相对剥夺是一种感觉，这感觉是我们有权享有但并不拥有。例如，某人看着邻居家买了一辆新车，他认为他也能有这辆车。但实际他并不拥有。

三、调查地点与对象的选取以及资料收集与数据分析

（一）调查地点与对象的选取

调查地是本人从小生活的家乡，所以本人对当地的风土人情以及经济、社会等情况都比较熟悉，便于对数据进行客观的解读与分析。内蒙古自治区赤峰市敖汉旗曾被评为三级贫困县，经济落后、教育水平偏低。木头营子乡作为其下设乡镇，贫困程度也是有过之而无不及。近年来，为了改善生活，外出务工的农民越来越多，剩下的则在家里进行农业生产活动，相比之下这些不能外出务工的农民受客观因素的影响就越来越大。无论从经济收入还是见识等多个方面这些人群都不及外出务工人员，他们的相对剥夺感越来越明显，他们的心理是否能得到健康的发展、他们能否有良好的生活满意度和幸福感是值得关注的现实问题。

本研究的"在家务农人员"指的是因种种原因（比如说家庭内部有老人和孩子需要照顾、因年纪大而无人雇佣的、家族内其他家庭外出打工但需要有人照看并解决农村老家事务的）无法外出务工的农民。他们普遍具有以下特征：

第一，家里有需要长期照顾的老人和孩子；

第二，年龄不符合《中华人民共和国劳动法》，无人雇佣；

第三，身体健康状况不符合外出务工的条件。

由于客观条件的限制，无法外出务工的农民一直处于被动状态，他们选择在家务农多为无奈之举；他们多年来的收入水平、生活方式、生活环境几乎一成不变，而物价却不断上涨；攀比心理的作用等都会使在家务农人员产生相对剥夺感。

（二）资料收集与数据分析

本研究所使用的基本数据资料是通过发放并收集电子问卷的方式得到的，发放的电子问卷共收回 82 份，提交问卷的人员中男女比例约为 9∶1；年龄以45 岁为界，年龄高于 45 岁与年龄低于 45 岁的人员比例约为 8∶2。82 份问卷均为有效问卷，所得数据按所占比例的形式进行展示以说明问题。本人还采取访谈方式来了解受访者的内心世界，以期获得更多隐性信息（考虑到受访者的

文化水平整体较低和对智能手机的操作不够熟练）。另外，本研究还采用了文献调查法，通过对现有文献资料的搜集、整理、分析，了解目前的研究现状，从而为本研究提供明确的研究方向。

四、受访者相对剥夺感调查分析

（一）受访者相对剥夺感的主要表现

1. 经常为经济问题而感到焦虑，对自己的生活满意度和幸福感评价较低

这里就涉及贫困的类型，在全面建成小康社会之前，中国农村的贫困状况多为绝对贫困与相对贫困相结合，以相对贫困居多。相对贫困，一方面指随着社会经济的发展，贫困线不断提高而产生的贫困；另一方面指在同一时期，不同地区之间、各阶层之间、各阶层内部不同成员之间的收入差别而产生的贫困。受访者之所以产生相对剥夺感，部分原因就在于选择的参照群体工资过高，甚至与其不在同一个阶层。贫富差距引起相对剥夺感的产生，进而导致受访者焦虑、担心，而后严重影响其对生命质量的自我评价，也就是其对生活的满意度和幸福感的评价。经典的参照点理论（Kahneman 和Tversky，1979；Kahneman，1999）指出，个体往往因环境、社会参照点的变化而改变对自己的预期，从而影响个体对生活满意度的自我评价。例如，与高水平参照点相比，个体会产生强烈的被剥夺感，从而降低自己的幸福度。[①]

2. 觉得自己"低人一等"

这里谈到的"低人一等"不仅包含经济收入，还包含权力的相对剥夺。农民是社会底层人员，虽然"法律面前人人平等"，但实际而言，农民群体在表达自己的权益时，声音较小，容易被相对"闭麦"，而且因为教育程度比较低、文化素质较低、维权意识也相对薄弱，经常会出现"权利被剥夺而不自知"的情况，这一问题亟待解决。

（二）农村在家务农人员经济生活横向和纵向比较分析

1. 农村在家务农人员经济生活横向比较分析

通过访问受访者对自己的经济收入及生活水平满意度所得的数据分析可知，评价在一般及以下的占有 52.44%，分别是一般占 29.27%、不满意占

---

① 徐慧，梁捷，赖德胜. 返乡农民工幸福度研究：外出务工经历的潜在影响［J］. 财经研究，2019，（3）：20-33。

17.07%、非常不满意占 6.1%（表1）。

表 1　您对自己的经济收入以及生活水平满意吗？

选项	小计（人）	比例
非常满意	15	18.29%
比较满意	24	29.27%
一般	24	29.27%
不满意	14	17.07%
非常不满意	5	6.1%
本题有效填写人次	82	

受访者对自己的经济收入水平以及生活满意度做出评价一定是基于比较之上完成的，此时比较的对象是谁就很重要，依据表2可知，受访者在做出评价时的比较对象中有 63.42% 都是村庄内部居民，有 92.68% 的受访者选择的比较对象都在县城内。只有 7.32% 的受访者评价自己的经济收入水平与生活满意度时以大城市的居民为比较对象，由于所占比例较小，不予重点研究。

表 2　衡量家庭经济收入时，你是在与谁比较？

选项	小计（人）	比例
周围邻居	30	36.59%
村庄其他居民	22	26.83%
县城居民	24	29.27%
大城市的居民	6	7.32%
本题有效填写人次	82	

根据以上两个表格可得出结论：与县城内其他居民相比，仍有过半数的受访者觉得自己的经济收入水平与生活满意度不够高，这与相对剥夺感的产生直接相关。另外，依据以上数据我们还可以得出另外一个结论：乡镇内部的社会分化加剧。同一个乡镇的人，在衡量家庭经济收入时选择的比较对象不仅不同，而且差距很大，从大城市的居民到村庄周围的居民都有，这表明村庄内部社会分化加剧。

根据表3调查数据可以得知，近八成的受访者都会因为经济问题而感到焦虑。无疑，经济收入时刻影响着人们的日常生活，这也就不可避免地会出现受访者因经济问题而产生焦虑的情况，当自己的经济收入没有达到预期的标准或者与周围人产生较大差距时，就会产生相对剥夺感。

表3 你会经常因为经济问题而感到焦虑吗？

选项	小计（人）	比例
是	64	78.05%
否	18	21.95%
本题有效填写人次	82	

通过表 4 可知，受访者中认为村庄内贫富差距在一般及以上的占 96.34%，其中有 35.37% 的受访者认为自己村庄内部的贫富差距很大，21.95% 的受访者认为差距比较大，39.02% 的受访者认为差距一般，只有 1.22% 和 2.44% 的受访者认为村庄内部的贫富差距比较小和很小。贫富差距的拉大将更容易使在家务农人员产生相对剥夺感。这也再次印证了上文中村庄内部社会分化加剧的结论。

表4 你认为农村内贫富差距大吗？

选项	小计（人）	比例
很大	29	35.37%
比较大	18	21.95%
一般	32	39.02%
比较小	1	1.22%
很小	2	2.44%
本题有效填写人次	82	

综上所述，受访者在经济生活上横向比较的结论为：在经济方面，超半数的受访者与县城内其他居民相比，对自身的经济收入和生活水平满意度在一般以下，且近八成受访者表示会因经济问题而感到焦虑，甚至超九成的受访者认为农村内贫富差距在一般及以上。

2. 农村在家务农人员经济生活纵向比较分析

值得庆幸的是，超过 92.68% 的受访者的经济收入较十年前提高了（表5），这说明十年间经济在不断发展。故从纵向上比较而言，经济生活上，农村在家务农人员的经济水平较十年前绝大多数都有了增长。

表5 相对于十年前，您的经济收入水平变化是？

选项	小计（人）	比例
提高了	76	92.68%
降低了	3	3.66%
没变化	3	3.66%
本体有效填写人次	82	

（三）农村在家务农人员产生相对剥夺感的原因分析

相对剥夺感是通过社会比较产生的，个体会将自身与处于优势地位的参照对象进行比较。相对剥夺感的产生有四个基本条件：第一，个体意识到自身或自身所处群体缺乏某种资源，处于劣势。第二，个体意识到群体内成员或其他群体的成员拥有该资源，处于优势。第三，个体期望自己拥有这种资源。第四，个体期望拥有这种资源的要求具有合理性。

经济基础决定上层建筑，由于相对剥夺感的产生从根本上是由经济原因所导致，所以本研究从受访者为何对经济状况不满意出发，寻找造成受访者相对剥夺感的原因，具体为以下几点（表6）。

表6 你认为是什么导致您对自己的经济状况不满意？

选项	小计（人）	比例
对经济收入水平的内心期待值过高	14	17.07%
文化程度低	19	23.17%
相比之下，收入真的少	28	34.15%
支出压力太大	49	59.76%
其他	8	9.76%
本题有效填写人次	82	

第一，"支出压力太大"，占比59.76%。伴随着城市的发展和经济的高速增长，物价也随之上涨，然而，受访者的收入并没有发生多少变化，这就导致受访者的支出在无形中增大了。

第二，"相比之下，收入真的少"，占比34.15%。与外出务工人员相比，受访者的收入多数相对较少，收入的差距导致内心产生相对剥夺感。

第三，"文化程度低"，占比23.17%。受访者认为自己的文化程度低，很多工资高的工作无法胜任，也就基本与高收入无缘，由此产生相对剥夺感。

第四，"对经济收入水平的内心期待值过高"，占比17.07%。受访者的心理落差导致相对剥夺感的产生。

第五，有一位受访者认为导致自己对自身经济状况不满意的原因是"社会资源分配不公"。

五、缓解或消除相对剥夺感的对策及建议

(一) 从社会宏观层面出发缓解或消除相对剥夺感

1. 巩固脱贫攻坚成果

由于导致受访者相对剥夺感产生的根本原因是贫富差距的存在，那么寻找缓解或消除相对剥夺感的对策与建议就从如何缩小贫富差距入手。我国已全面建成小康社会，脱贫攻坚战已取得全面胜利，但是仍有脱贫不稳定户的存在，所以在这关键的时刻我们更要深入基层，着重关注可能会因病、因学再度致贫返贫的人员，巩固脱贫攻坚成果。

2. 落实各种社会福利政策

要为留守在家的务农人员提供各种社会福利政策，比如医疗保障制度、城乡最低生活保障制度等。社会工作者可以帮助当地基层村委会落实这些政策，建立各方面精准流动的人员名单，提高工作效率，间接缓解其相对剥夺感。

(二) 从个人微观层面出发缓解或消除相对剥夺感

社会心理学认为，个体或群体的相对剥夺感达到一定强度时会产生不利于个体健康发展和社会稳定的后果。我们可以通过将社会工作与社会心理学的专业知识与技术相结合的方式，帮助受访者调节心理状态，以减少相对剥夺感的产生。

专家普遍认为，个体的认知偏差会增强其相对剥夺感的产生。在看待社会现象时，存在认知偏差的个体往往只看到不好的方面，对其他群体采取敌视或诋毁的态度，从而进一步增强其相对剥夺感。有研究指出，存在认知偏差的人不仅存在很强的相对剥夺感，而且还存在其他心理方面的偏差，这就要求我们要正确地引导他，改变他们的认知偏差。另外他们自己也要学会自我调适，树立正确的价值观，形成正确的认知取向，对于社会上的各种现象能够以理性的态度去接纳，选择合适的参照群体，这都有利于其向更好的方面发展。

针对不同的具体情况，可以选择以下工作方法来帮助农民调节相对剥夺感。

1. 增强获得感

增强获得感是克服相对剥夺感的重要渠道。运用《社会问题概论》的相关

知识，笔者认为相对剥夺感的产生也属于社会心态失衡的一种表现，于此，社会工作者要注重促进人的心理和谐，加强人文关怀和心理疏导，引导人们正确对待自己、他人和社会，正确对待困难、挫折和荣誉。正如党的十九大报告指出，加强社会心理服务体系建设，培育自尊自信、理性平和、积极向上的社会心态。社会工作者可以开展以"忆苦思甜"为主题的小组活动，让农民意识到评价自己的经济与生活不只有与他人的横向比较一种比较方式，还可以在时间上纵向比较，于纵向来看，自己的生活已经有了很大的进步，让大家体会到自己的生活还是朝着一个好的态势发展，以此增强获得感，克服相对剥夺感的产生。

2. 运用情绪 ABC 理论

情绪 ABC 理论也叫理性情绪疗法，是由美国心理学家埃利斯创建的。这个理论认为触发事件 A 是引发情绪和行为后果 C 的间接原因，而直接原因是个体对触发事件的认知和评价而产生的信念 B，即人的负面情绪和行为障碍结果是个体对它不正确的认知和评价所产生的错误信念所引起的。因此，用正确理性信念替代认知偏差和错误信念，就可以控制消极情绪以及不适应性行为。农村在家务农人员产生相对剥夺感有个很重要的原因就是对于一些事情的不正确的信念和看法，那么在个案中运用情绪 ABC 理论可以很有效地消除不正确信念导致的相对剥夺感，建立起积极健康的生活态度。

3. 运用积极的归因理论

归因理论（attribution theory）由社会心理学家海德于 1958 年提出。它是指：在日常的社会交往中，人们为了有效地控制和适应环境，往往对发生于周围环境中的各种社会行为有意识或无意识地做出一定的解释，即认知整体在认知过程中，根据他人某种特定的人格特征或某种行为特点推论出其他未知的特点，以寻求各种特点之间的因果关系。通过积极的归因理论可以让受访者意识到自己的生活不尽如人意不只是客观条件使然，自己的主观想法也起着很重要的作用。表 7 展示了受访者所选择的一些缩小贫富差距的方法。

表 7　您认为如何缩小贫富差距？

选项	小计（人）	比例
外出务工	20	24.39%
着重孩子教育问题	46	56.1%
发展个体经营	40	48.78%
其他	17	20.73%
本题有效填写人次	82	

其一，"着重孩子教育问题"，占比 56.1%。他们认为高学历就意味着高收入。

其二，"发展个体经营"，占比 48.78%。中国传统的安土重迁的思想以及一些不得已的客观原因的双重影响，导致受访者选择在家里发展个体经营，以缓解经济压力。

其三，"外出务工"，占比 24.39%。这是比较直接的缓解经济压力、缩小贫富差距的方法。

4. 增强自我效能感

增强自我效能感可以通过开展小组工作的方式实现，不同的群体拥有不同的群体心理特点，群体的形成有利于我们实现群体目标。将因相同原因产生相对剥夺感的人员组成一个小组，引导他们深入并准确地说出并且直面自己的困扰，运用《社会心理学》"社会角色"的相关知识，帮助其找到适合自己的社会角色、社会地位，并不断进行角色学习。社会工作者还可在必要或恰当的时机链接社会资源，给服务对象提供发展平台、资源、机会，予以技能培训等帮助，使他们建立起自信心，从主观上认为自己可以做成、做好某些事情，以克服相对剥夺感。

六、结语

本研究从现实意义出发，通过对农村在家务农人员相对剥夺感的研究，使我们站在农村在家务农人员的立场上了解他们面临的剥夺感困境，进而指导我们采取必要的政策措施以改善困境，从而对整个社会和谐发展做出一些贡献。

相对剥夺感普遍存在于每一个群体中，在社会发展过程中各种不平衡的现象容易引起相对剥夺感的产生。中国社会正处于转型期，在社会格局的发展之中不同群体之间容易产生差距，导致人们的相对剥夺感较强，特别是处于社会底层的群体——农村在家务农人员，我们更应该关注他们的心理剥夺感的状况，以促进其心理健康发展，这不仅有利于其身体健康、提高其生活满意度与幸福感，还有利于促进社会的和谐与稳定。

参 考 文 献

邓东蕙，黄菡，2000. 社会转型期中国民众的相对剥夺感研究［J］. 学海（2）：94-98.
冯慧玲，方小教，2012. 新生代农民工相对剥夺感心理探析［J］. 当代经济，30（5）：66-69，81.
郭燕梅，2013. 相对剥夺感预测集群行为倾向：社会焦虑的调节作用［D］. 济南：山东师范大学.

梁枫，任荣明，2017. 基于利益相关和相对剥夺感的群体性事件动机城乡对比 [J]. 经济与管理研究，38 (1)：92-100.

刘志鑫，2018. 相对剥夺感：影响农民在征地拆迁过程中行为选择的心理因素分析 [J]. 当代经济 (21)：73-77.

罗桂芬，1990. 社会改革中人们的"相对剥夺感"心理浅析 [J]. 中国人民大学学报 (4)：84-89.

马恒芳，2017. 社会工作介入流动妇女相对剥夺感问题的实务研究：以濮院镇流动妇女为例 [D]. 大庆：东北石油大学.

马万超，王湘红，李辉，2018. 收入差距对幸福感的影响机制研究 [J]. 经济学动态 (11)：74-87.

孟慧新，Salazar M A，胡晓江，2017. 农民工的权利观、剥夺感与社会参考框架 [J]. 学海 (3)：72-84.

聂伟，2017. 社会流动与外群体歧视：基于 CGSS2005 数据的实证研究 [J]. 社会科学辑刊 (4)：102-110.

全国 13 所高等院校《社会心理学》编写组，2016. 社会心理学 [M]. 5 版. 天津：南开大学出版社.

任国强，王福珍，潘秀丽，2015. 相对剥夺对农村劳动力迁移的影响 [J]. 华南农业大学学报（社会科学版）(3)：70-78.

史献芝，2019. 转型期农村社会矛盾的生成机理与治理路径 [J]. 广西社会科学 (3)：81-85.

王思斌，1988. "相对剥夺"与改革环境的建造 [J]. 社会科学 (3)：32-37.

徐慧，梁捷，赖德胜，2019. 返乡农民工幸福度研究：外出务工经历的潜在影响 [J]. 财经研究 (3)：20-33.

杨青，唐璐，张小娟，2015. 移民城市居民生活压力与相对剥夺感的实证研究 [J]. 特区经济 (7)：80-83.

李建华，2019 级社会工作专业本科生，现保送至北京师范大学社会工作专业攻读研究生。该文为《第十二届中国社会工作大学生论坛暨第五届研究生论坛（本科组）》发言论文，指导老师路冠军。

第三篇
社会工作理论
与实践

SHEHUI GONGZUO LILUN
YU SHIJIAN

民族社会工作本土化发展探析

房文双

社会工作在推进民族地区和少数民族发展中具有特殊而重要的作用。加强新时代的民族工作，需要社会工作的积极支持和参与。民族社会工作作为社会工作的重要实践领域，在受到相应重视的情况下，其研究获得了较为长足的发展。有关民族社会工作的研究也得到了众多研究者的关注，之后涌现出了大量的专业研究成果。反思民族社会工作研究已有成果，展望民族社会工作研究未来趋势，对民族社会工作的发展具有重大意义。

一、民族社会工作的内涵与价值理念

我国少数民族地区地域辽阔，民族自治地方总面积达 616.29 万平方千米，占国土面积的 64.2%。少数民族存在多种语言、文字、宗教信仰以及多民族艺术形式，不同的民族有不同的风俗习惯和生活方式。在这样一个有着多元文化的环境中发展民族社会工作，既是社会工作本土化的必然要求，也是社会转型趋势下创新传统民族工作机制的一种必然结果。

（一）民族社会工作的内涵

王思斌认为，民族地区社会工作可以有两种理解：一种是把它理解为在民族地区开展的社会工作，这里既包括面对少数民族（族群）的社会工作，也包括在此空间内从事的面对非少数民族（族群）的社会工作。二是把它理解为针对民族地区的社会工作。姚丽娟认为可以将民族社会工作界定为：具有民族性的社会工作，它以社会工作的价值理念为指导，并通过综合运用社会工作的理论知识及实务技术，最终实现微观和宏观、个体和整体的改变。就微观层面而言，民族社会工作协助因各种原因而遭遇生活或发展困难的少数民族个人或群体走出困境，增进他们的社会福祉；就宏观层面而言，民族社会工作通过协调社会关系，维护社会的公平正义，最终推动社会的改变，增进社会大众的福祉，并营造出有利于增进少数民族个体及群众社会福祉的社会环境。任国英认为，民族社会工作是运用社会工作专业的价值观和社会工作理论方法，依据国家的社会福利政策和民族政策,对面临困境的各民族群体和个人实施救助服务的活动,帮助解决少数民族的经济和社会发展、民族文化的传承与保护,以及民族内部与民族之间的关系的问题。赵树兰认为可以将民族社会工作界定为:以社会工作价值观为指导,通过运用社会工作的理论知识和实务技术,在微观层面上协助因各种原因而遭遇生活或发展困难的少数民族人士及群体走出困境,增进其福祉;在宏观层面上推动社会改变,协调社会关系,维护社会公平正义,促进社会和谐,营造有利于增进少数民族人士及群体社会福祉的社会环境的一种专业服务活动。

综上所述,民族社会工作作为社会工作的分支,是在社会工作专业价值理论和指导下,以"案主"的族群归属及文化为基础,通过运用专业的社会工作方法和技巧,在民族地区的既定范围内为服务对象提供支持和帮助,最终使其习得自我发展的能力并促进该地区发展的专业活动。

(二)民族社会工作的价值理念

关于民族社会工作价值理念的研究,代表性的观点主要有社会工作的一般价值理念和对族际差异理解与包容的理念。例如,任国英认为民族社会工作价值理念包括如下几个方面:提供服务,尊重个人与生俱来的尊严和价值;维护社会公平正义,尊重并理解多元文化。张丽君认为民族社会工作价值理念包括:尊重少数民族文化;注重少数民族能力的提升。李林凤认为民族社会工作价值观主要体现在两个方面:社会工作的一般价值观;政治敏感与价值中立。毕秀琴认为民族社会工作价值理念主要包括民族社会工作中"以人为本"的价值理念;民族社会工作中"注重和谐"的理念;民族社会工作中"平等待人"的价值理念;民族社会工作中"道德"与"责任"并举的价值理念。储庆、库少雄认为,民族社会工作的价值理念既要坚持社会工作专业的基本价值理念,同时也要考虑具体国情,民族社会工作的价值理念包括:提供适当的服务,尊重每一个人的尊严和价值,维护社会公平正义,尊重并理解多元文化。

值得注意的是不同区域的民族组成结构和民族之间的经济社会发展差距是不同的,例如在我国西南一些特定区域,个别汉族人口的经济社会发展水平要低于周边少数民族人口的经济发展水平;在一些城市传统民族社区,一些外来少数民族流动人口和汉族流动人口也存在发展与适应困难的问题,从这样的角度而言,民族社会工作的服务客体就不同于一般意义的侧重于少数民族人口成员的设定了。

综上所述,无论是民族社会工作概念的界定,还是民族社会工作价值理念的设定,都要依据具体社区民族构成的差异性,都要从广义的民族社会工作(既整体上包含针对少数民族成员的社会工作,也包含特定区域内针对汉族人口的社会工作）理解出发。

二、民族社会工作的作用及表现

（一）运用专业价值理念促进各民族之间的交融团结

民族社会工作的核心是通过各民族间的交往、交流和交融，最终实现各民族团结和融合，铸牢中华民族共同体意识。民族交往能使不同民族之间相互了解，建立社会关系；民族交流可以通过共享不同文化中的有效信息和知识，促进民族地区生产力发展；民族交融能够将各民族的认知、情感或态度以及文化交汇融合为一体。只有实现了各民族团结才能使各民族为了实现共同的理想或目标而团结奋斗。民族交融团结的过程涉及不同民族对国家的认同、民族利益、民族团结以及社会稳定等问题。在此过程中，民族社会工作者应当运用专业理念、方法和技巧帮助少数民族提升对国家和中华民族的认同感，解决关乎他们切身利益的问题，从而化解社会矛盾、维护民族地区社会稳定。

（二）运用专业技能方法帮扶弱势群体

弱势群体，也叫社会脆弱群体、社会弱者群体。弱势群体根据人的社会地位、生存状况，而非生理特征和体能状态来界定，它在形式上是一个虚拟群体，是社会中一些生活困难、能力不足或被边缘化、受到社会排斥的散落的人的概称。少数民族群体因受历史、文化、地理位置等因素的影响，一直在社会中处于边缘状态。而少数民族群体中的农民、妇女、儿童、老年人等更是弱势中的弱势，他们在经济上属于低收入、生活上处于贫困、政治上更是低影响。

在维护帮扶少数民族弱势群体过程中，社会工作者扮演着更多角色。首先是服务的提供者。为那些处于困难中的少数民族群体提供服务，这种服务可能是物质层面的，也可能是精神层面的。例如：基金会、NGO 组织为一些特殊的弱势群体提供直接的物质补偿或社会工作者利用专业知识为敬老院的老人进行心理疏导。

其次是自我发展的扶持者。社会工作秉承"助人自助"的理念，所以在对弱势群体的帮扶过程中，社会工作者遵循案主自觉的原则，充分调动案主的积极性和创造性，鼓励案主为自我发展出谋划策，并在其发展过程中给予物质和智力上的支持，如目前许多少数民族地区实行的"造血式扶贫"。社会工作者就是在充分尊重案主主体地位前提下，开展形式各样的活动，引导少数民族群体解放思想、更新观念、自食其力；通过争取项目资金、提供信息等措施，扶持少数民族弱势群体，走上自力更生的发展之路。

最后是权益的维护者。由于少数民族群体所掌握的资源少、人口数量小，

生态、治理与社会工作

所以有些权益难以保障。社会工作机构为少数民族弱势群体提供法律、心理等方面的咨询服务，维护他们在经济利益、医疗、教育等方面的合法权益。

（三）保护和发掘少数民族传统文化

少数民族传统文化历史悠久、板块众多，可谓缤纷灿烂，风情各异。但随着社会的发展，在现代化及西方文化的强烈冲击下，许多少数民族的优秀文化正在遗失。社会工作者在少数民族传统文化保护方面主要是通过行之有效的方式唤醒少数民族的"文化自觉"，也就是激起他们对本民族传统文化的热爱和自豪感，促使他们去感受文化的独特魅力，从而自觉地对其进行保护和传承。

（四）协助处理部分民族事务

在民族地区开展的社会工作与民族工作在本质上是相异的。民族社会工作有指导行动的价值观、专业的工作方法与技巧、评估系统，民族工作则不具备这些特性，而且二者的服务内容、领域也不同，但二者存在重叠的地方，关系密不可分。民族工作主要由行政部门及事业单位来承担，其涉及的内容颇为宽泛，包括民族识别、管理民族事务、保护与传承民族文化、制定和落实民族政策等。

而民族社会工作主要指社会工作者运用专业的知识和技巧，帮助处于贫困或困难中的少数民族群体摆脱困境，实现自我发展。可以说民族社会工作是对民族工作所不能兼顾的一些事物的补缺和代替。具体而言，它主要承担了以下事务管理：宣传国家政策法规，帮助案主寻找资源，对志愿者进行培训、扶持案主发展经济、救助灾民、评估案主需求，制定发展计划、进行心理辅导等。

三、民族社会工作的发展模式

首先，是专业化发展模式。王旭辉等指出，推进我国民族社会工作发展需要考虑的一个关键问题就是提升民族社会工作的覆盖面和专业性。一方面是专业方法的运用。李林凤指出社会工作专业方法融入社区民族工作中，有助于社区民族工作朝着更加务实、更加人性化的方向发展，有助于和谐社区的建设与和谐社会的发展。另一方面就是职业体系建设。郭瑞等表示在民政系统内部设置社会工作相关部门，注重民政工作方法与社会工作方法结合，从软硬两方面同时抓，更有利于我国的社会服务。陈宇鹏建议结合西南民族地区社会工作实际，对工作进行科学分析，也合理设置工作岗位，进一步充实社会管理和社会服务部门，配齐配强社会工作专门人员。高岩等指出，为促进社会工作真正成为一种社会职业并被广大百姓认可，相关部门可根据实际情况对社会工作者的

· 94 ·

就业任职要求做出必要的政策性规定，考虑到少数民族地区在各方面存在差异，还需灵活制定相关和配套措施。

其次，是本土化发展模式。本土化的初衷在于将社会工作价值、知识、技术应用于发现并满足当地人民的真正需求，解决当地面临的社会问题，从而实现当地人民的福祉和社会公义。民族社会工作本土化发展模式的研究包括以下方面：一方面是本土化的必要性研究。闫丽娟等表示面对中西方和东西部历史与文化差异、港台地区经验与西部民族地区实际情况等多样化的差异时，社会工作面临着本土化的难题，如何构建具有本土特色的社会工作理论便是我们遇到的首要问题。另一方面是本土化的路径研究。焦若水指出，提升社会工作本土化的路径，包括尊重和恢复日常生活中个人与集体联结的力量，将日常生活作为社会工作的展开系统，将实务服务与知识生产有效融合，生产基于生活世界的实践智慧。陈燕等提出了本土化民族社会工作实务体系构建的实践策略，包括合理解决民族社会工作实务中的文化适应性问题，大力培养本土化民族社会工作专业人才，建立重心下沉的民族社会工作组织机构，建立健全民族社会工作的保障措施。

最后，是嵌入性发展。民族社会工作嵌入原有民族工作体系发挥作用的过程，既是中国民族社会工作获得本土化发展的过程，也是民族工作创新工作理念与方法的过程，这是个互惠互赢而走向一体化的过程。一是民族社会工作嵌入性发展的契合性研究。民族社会工作作为社会工作的一个特殊领域，鉴于长期以来民族工作由政府主导的现实，走嵌入式发展路径是当前的最佳选择。民族社会工作需要嵌入式发展，不仅是因为我国拥有民族社会工作嵌入的制度背景，同时也是因为嵌入是政府可以接受的民族社会工作发展方式，另外嵌入还能为民族社会工作赢得发展的空间与资源。二是民族社会工作嵌入性发展的路径研究。民族社会工作嵌入路径包括关系性嵌入（从少数民族民间福利关系网和少数民族正式助人关系网嵌入）和机构性嵌入（包括城府购买、民间运作模式和政府设岗、统一管理模式两种途径）。三是民族社会工作嵌入性发展的实务研究。卢时秀等分析了专业社会工作嵌入性发展的契合性、实务领域以及嵌入路径，并通过以社区为本的社会工作方法从服务提供者的组织模式、服务对象的求助模式、资源获取模式和服务提供模式四个向度来转变原有城市少数民族流动人口的服务管理。

四、民族社会工作的本土实践

其一，是华东和华中地区的实践研究。这些研究在政府购买项目城市少数民族聚居区服务研究方面有独特的贡献。2007 年上海市率先将社会工作引入城市社区民族工作取得了良好的效果，是社会管理创新的成功范例。何乃柱的研究指出购买社工机构服务、招募少数民族社工服务社区少数民族以及实现社工、社区和社团的互动等成功的上海经验值得推广，但要避免行政性干预过强等问题。马小萍针对苏州市少数民族流动人口在社会融合过程中的问题，参考和借鉴上海市社会工作机构介入该领域的成功经验，并提出了相应的解决措施。沈再新等以武汉市为例，从对法律的认知、情感、态度等方面，分析了新时代少数民族农民工对现行法律的评价和需求，讨论了该群体的法律心态与行为的特征及其成因，提出改善该群体法律心态的社会工作干预策略。

其二，是华北和东北地区的实践研究。刘继同分析了北京"牛街模式"的战略地位、实质与精髓，并从理论创新、政策创新以及体制机制创新等角度提出了发展中国特色民族社会工作的若干建议。夏权威等选取哈尔滨市满族大学生作为分析样本，指出满族大学生的民族认同是同本民族的语言文字、身份地位、风俗习惯及心理体验等联系在一起的，并在完成其需求评估的基础上，通过专业社会工作方法的介入来提升满族大学生的民族认同感。

其三，是华南地区的实践研究。普忠鸿基于深圳某区的实践，以社会工作嵌入城市民族工作的具体实践为依据，从不同阶段分析社会工作在城市民族工作中的潜入和发展过程，并提出了嵌入性发展路径。刘伟等的研究以广西某养老服务中心为典型，对专业社工机构介入民族地区农村养老服务做典型调查，调查显示专业社工机构存在抗风险能力偏低、政府支持力度不够、社会认可度有待提高等问题，并进一步提出凭借厘清各种关系、形成协作机制、培养专业人才、分析实际环境和推进法治建设等措施来解决这些问题。

其四，是西南地区的实践研究。这些研究集中于项目实施现状分析、限制因素分析、发展路径探索等方面。丁海江等对重庆市少数民族流动人口的抽样调查表明，少数民族流动人口融入城市有许多现实需求，但针对这些需求的社会工作介入服务又面临政府购买项目实践模式的服务效果欠缺、评估体系不够完善以及缺乏专业民族社会工作者等困境。刘芳等指出西藏在经济、社会建设等方面都处于相对弱势的地位，民族社会工作在发展过程中也面临着专业人才不足、过多依赖政府、文化适应等方面的问题，通过培养了解藏族聚居区情况的专业民族社会工作者，并立足地理优势和藏族聚居区文化，推进民族社会工作在藏族聚居区的发展。

其五，是西北地区的实践研究，包括经验总结和模式探索等方面。刘江涛以西安回族社区为例，从社区社会工作三大模式的角度总结其在社区组织、社区发展、社区服务等方面的工作经验。生杰卓玛在分析青海省社会工作发展概况之后，从多元文化视角、关注宗教伦理背景、定位政策助推者等方面提出青海省社会工作的发展路径。米热买买提·米吉提通过实地调研探讨新疆某市民族社会工作发展情况，指出获得政府和民族认可、以多元文化主义为指导开展服务和减少甚至消除民族敏感问题是民族社会工作的发展现状，民族社会工作具有政治性、文化性和民族性三个实践特征。

五、民族社会工作的本土反思

我国民族社会工作研究已经取得了一定的进展，主要表现在以下几个方面。

一是研究成果不断丰富。研究者对民族社会工作的概念、价值理念进行了界定，并初步形成了共识，认识到民族社会工作与民族工作是两个不同的概念，民族工作是民族工作部门或机构制定或执行民族政策，解决民族问题和处理民族事务的一系列具体的实践活动，是党和政府关于民族地区和针对少数民族群体以及民族人事工作的总称，它包括政治的、经济的社会事务等多方面内容，其政治意味比较浓，而民族社会工作则是一种去政治化的专业服务活动。

二是研究领域不断走深走实。表现一是民族社会工作的研究领域从民族地区扩展到城市民族社区，涵盖了少数民族留守儿童、妇女、老人，少数民族流动儿童、青少年、少数民族大学生，以及少数民族新生代农民工等研究群体。表现二是能够运用民族社会工作介入民族事务，并且在民族社会工作事务中关注各民族的文化差异、文化敏感的问题。

三是研究视角不断开阔。研究者们从不同的视角展开了深入的研究，除了常规的优势视角、社会性别理论视角、女性主义和抗逆力视角等，也有从多元文化视角、跨文化视角、文化敏感性，以及族群主义等视角进行研究。

随着我国民族工作的进一步深化，当前，我国民族社会工作的研究仍面临着一些局限和不足，主要表现在以下几个方面。

首先，研究内容质量不高。一是关于民族社会工作的方法、服务领域的界定等方面的研究较少，尚未形成统一的理论体系。二是理论难以指导具体事件，民族社会工作研究还未能给实务的发展提供足够的理论指导。三是对境外经验的借鉴不足，关于西方民族社会工作相关领域的借鉴与探讨过少。四是研究人员的科学素养不足，部分文献不仅存在研究内容浅显的现象，还存在注水问题，因而研究质量有待加强。

其次，研究方法较为单一。一是民族社会工作的研究并未采取多种研究方式，多数研究仅是针对各自服务案例的总结和反思，研究方法呈现趋同态势。二是研究方法在很多情况下还处于初级水平。三是经验性研究较多，行动研究较少。四是定性研究较多，定量研究较少，研究体系尚不健全，研究总体上呈现出的是碎片化、表层化和简单化的研究成果，散点式研究突出。五是研究者对于民族社会工作的核心理论以及民族社会工作相关实务较少做出系统而深入的研究；缺乏对民族社会工作核心能力的研究，没有形成核心竞争力和优势；研究者过于追逐社会热点，缺乏理性思考和理论沉淀。

最后，研究地域不够平衡。一是研究人员分布不平衡，从事民族社会工作研究的绝大部分是少数民族地区的高校师生，非少数民族地区的高校、师生则较少关注民族社会工作。二是研究区域分布不平衡，关于西部少数民族地区的研究较多，而东部地区少数民族地区的研究则较少。三是区域性研究突出，综合性研究不足。四是各地区政策不同，民族社会工作的发展模式也不同。

六、特色民族社会工作研究的趋势前瞻

党的十九大报告明确指出：坚持在发展中保障和改善民生。增进民生福祉是发展的根本目的。必须多谋民生之利、多解民生之忧，在发展中补齐民生短板、促进社会公平正义，在幼有所育、学有所教、老有所得、病有所医、老有所养、住有所居、弱有所扶上不断取得新进展，深入开展脱贫攻坚，保证全体人民在共建共享发展中有更多获得感，不断促进人的全面发展、全体人民共同富裕。其中的很多要求都与社会工作相关，这既为我国的民族社会工作发展提供了难得的历史机遇，同时也提出了紧迫发展的客观要求。

首先，要响应时代发展主题，促进研究与时俱进。党的十九大把民族工作摆在党和国家工作大局更加重要的战略位置，站在时代新起点，民族社会工作研究也要在发展完善的基础上不断创新，与时俱进。一是要加大研究投入，集聚研究力量吸引更多的研究者、研究单位深入民族社会工作领域；二是要在实践基础上不断充实更新民族社会工作的知识体系，创新中国特色民族社会工作研究路径；三是要充分利用相关政策为民族社会工作研究提供政策支持；四是要探索出符合我国民族社会工作发展需要的制度设计，在提供制度的同时，促进社会工作专业发展和地位提升。

其次，要提炼本土服务经验，构建特色理论体系。尽管关于民族社会工作的研究不少，但始终未形成完整的理论体系，众多研究者已经意识到民族社会工作需要理论建构，也大胆借用各种理论来解释实践，但与大量的实物研究相比，我国民族社会工作理论研究仍处于一种滞后的状态。在今后的研究中，研究者们应当突出我国民族社会工作实践的特殊性，强化民族社会工作实践基础上的理论创新，以原创性的理论成果，引领我国民族社会工作发展。一方面要积极将国际经验与本土服务经验相结合，重视助人价值观、助人标准和方法、助人实践中伦理困境和伦理职责的建构；另一方面在中国特色哲学社会科学体系中推进民族社会工作学科体系、学术体系、话语体系的建设和创新。

最后，要采取综合研究方式，提高研究学术水平，加强研究的科学性。不

同的社会研究方法为民族社会工作研究提供了多种思维方式，在民族社会工作研究过程中可以根据研究的需求和特点，采取不同的社会研究方法，善用多元化思考方式全面考察研究的对象，尝试从多元角度解释社会问题，思考解决措施和探索发展路径，在提高研究水平的同时推动民族社会工作的实践发展，以解决具体社会问题。一是要重视学科理论，强调研究方法，提升研究者的理论创新能力，推动国际民族社会工作理论研究的引进与翻译工作，把握国际最新动态，借鉴境外先进方法。二是要总结我国民族研究历史经验，植根传统社会价值和民族优秀文化，凝练本土研究范式。三是要组织高水平的培训教育工作，提升研究者研究的精神，培育一流研究团队。四是要推动民族社会工作学术期刊的建设，繁荣民族社会工作学术阵地，吸引学界的重点关注。

总之，随着社会主义和谐社会的构建和民族工作的发展，民族社会工作越来越引起人们的关注，民族社会工作将迎来前所未有的发展机遇，我们应该牢牢把握住民族社会工作发展机遇，总结民族社会工作发展脉络和研究成果，关注民族社会工作的热点，推动民族社会工作的发展。

参 考 文 献

艾克拜尔，2018. 新时期我国民族社会工作发展的必要性［J］. 智富时代（3）：78.

毕秀琴，2016. 浅谈民族社会工作的基本内涵以及价值理念［J］. 中国民族博览（2）：9 - 10.

单良，2018. 新时期少数民族社会工作的价值理念和实务创新［J］. 社会建设研究（1）：121 - 136.

刘斌志，程代超，2020. 新时代中国特色民族社会工作研究的反思与前瞻［J］. 四川行政学院学报（6）：67 - 79.

邱国成，2015. 民族社会工作的内涵与范围［J］. 长江丛刊（19）：101 - 103.

王婧，2018. 发展视角下的民族社会工作研究［J］. 才智（27）：209.

吴咏梅，2015. 民族社会工作发展刍议［J］. 社会建设，2（5）：46 - 53.

房文双，副教授，人文社会科学学院教授委员会委员。

绿色之维：中国社会工作介入环境议题的可能路径

石昱岑

一、问题的提出

2022年"世界社会工作日"将宣传主题定为"共建生态社会新世界：不让任何人掉队"，宣传海报上一片镶嵌着绿色地球的叶子，昭示一种新的全球价值观。而将生态环境议题列为世界社工日主题的做法已不是首次，2017年、2018年连续两年世界社工日的宣传主题都定为"促进社区与环境可持续"。这体现了社会工作专业共同体对生态维度的关怀。然而，无论是国际还是国内，社会工作介入生态环境议题的研究和实践行动都是有限的，这似乎与世界社工日的绿色倡导不相一致。正如有些学者所指出的，当社会工作面临环境议题之时，所表现出的是一种"缺席""失语"，变成了"沉默的少数派"。社会工作对生态环境议题的回应缺位，其原因是复杂的，这可以追溯到社会工作产生的工业革命时代。社会工作伴随着工业革命的推进而出现，目的在于回应现代性的矛盾，试图帮助解决快速工业化和城市化所引发的一系列社会问题。传统社会工作始终聚焦的是人与人、人与社会的问题，造成了对自然世界的忽视。同时，社会工作将正义视作自身的重要价值，承认的是正义的社会面向，欠缺对正义其他面向的关注，尤其缺乏对于自然、环境的内在价值属性的认可。由此，社会工作生态缺位的主要原因大致清晰，它与传统社会工作一直所坚持的"社会工作的核心是人与人的社会关系"的理念有关。

现代社会对经济增长和快速发展的盲目追求，导致了层出不穷的生态环境危机，再加之环境不公和各类因环境风险而导致的社会矛盾与日激增，这些问题都聚合成为环境议题的相关面向而呈现在人们面前。作为一个以"公正、正义、平等"为价值，以实现人类福祉为目标的专业和学科，社会工作应当突破认知的局限性和专业的藩篱，重新思考自身所立基的现代性、价值性，重新架构人与自然的关系，拓展社会工作的绿色之维。

二、社会工作介入环境议题的可及性

（一）回归地球本色是人类共同的责任

社会工作理论家马尔科姆·派恩（Payne）曾经指出，社会工作是文明进程的一部分，更是现代社会及其所有冲突的一部分，因此处于前沿位置。社会工作者应当确定专业立场，并反思对地方和全球可持续发展的贡献。

浪费资源、污染环境和破坏生态等人类行为正在日益严重地威胁着自然秩序的和谐、影响着人类社会的福祉。20 世纪 70 年代初，英国经济学家弗里茨·舒马赫（Schumancher E. F.）在《小的是美好的》一书中深刻地指出："现代人没有感到自己是自然的一个部分，而感到自己命定是支配和征服自然的一种外来力量。他甚至谈到要向自然开战，忘却了：设若他赢得了这场战争，他自己也将处于战败一方。"现代社会的环境危机跟"人类中心主义"的思维有密切关系，这是一种人和自然二元对立的思维，认为自然、资源一切都是为人类服务的，进而导致人类罔顾自然界的生存，任意破坏自然。绿色是地球的本色，人类在运用自然界所给予的恩赐的同时也需要担负起照顾地球环境的责任。人类发展的每一步都不能忘记对生态环境的保护，只有秉持着对自然正视与尊重的态度，才能真正构建起人类与自然和谐共生的关系。让地球回归绿色是全体人类共同追求的目标与愿景，是人类面临的共同的责任。面对人类发展的重要议题，社会工作者应成为解决环境问题的参与主体，而不能沦为问题的旁观者。无论作为人类命运共同体的一员，还是作为社会科学的一分子，社会工作者都不该缺席，应自觉参与生态保护议题，成为构建生态环境保护治理体系的重要力量。

（二）社会工作理论和实践探索的新方向

近几十年全球萌生的生态危机意识和开展的生态环保运动，促使西方社会工作学者更多地关注和探讨环境议题。社会工作的经典概念"人在环境中"虽然提到"环境"二字，却强调社会环境的影响力，而不具备生态环境的义涵。这与前文所述的社会工作专业一直以来的理论和实践关怀传统有关，进而使社会工作看待"环境"的视角建立在一种对环境概念的不全面认知之上，从而招致一些理论观念的批判。

这些批判视角是在社会工作学科内部出现的围绕社会工作与环境关系进行探讨的研究范式，如，环境社会工作、绿色社会工作和深度的生态社会工作等。其中环境社会工作侧重按照可持续发展的标准建立新的社会工作范式和新型社会；绿色社会工作侧重于保护性的干预实践，与激进的、反压迫的社会工作传统融合在一起，回归社会工作的政治性；深度的生态社会工作侧重深层生态正义，批评以人类为中心来看待人类和自然的关系。贯穿这些生态理论中的共同的主题是生态批判传统，强调社会工作力求社会改革，要求确立新的生态社会范式，而讨论中最重要的问题和共同思路则是人与自然的关系，人类确实是自然的一部分。它指明了社会工作与生态问题之间的相互关系。生态关怀的社会工作范式强调社会工作对"人在环境中"之"环境"义涵进行新的理解和拓展，继而重新定位人与环境的关系。这些共同内容有助于理解生态关怀的社会工作范式的理论和实践内涵。

（三）社会工作研究和实践的绿色准备

国际学术界已经将社会工作引入绿色生态环境领域进行理论建构和实务，尽管如此，环境虽然是社会工作的一个重要因素，但从未成为主流实践的主要组成要素。时至今日，有关生态关怀的社会工作各范式也尚未形成理论观念和概念上的一致和统一。

本土社会工作除了同样要面对不在主流之内和尚未统一概念的难题外，还要直面现代化及其所带来的生态环境问题日益突出的背景下如何参与环境治理的问题。我国已吹响了生态文明建设的号角，等待的是各种社会力量包括社会工作专业的积极回应和共同努力。从既有研究成果来看，我国尽管已有部分社会工作成果以绿色、环境、生态命名，部分社会工作学者和实践者们正在努力弥补这个领域的空白。但是令人遗憾的是，成果的总量和质量上还未获得实质性的突破。一些社会工作与生态环境议题结合的研究尝试提出一定模式，但未能形成较为完善的理论框架和实践路径。对于中国社会工作而言，绿色生态环境议题还需长期地作为问题予以关注，生态关怀的视角尚待进一步聚焦。此外，更要持续深入地探索服务实践的领域，开辟新的服务空间。需要进一步加强理论与实践的有机联结，提升社会工作参与生态环境治理的实践能力，如此方能彰显新时代社会工作在生态文明建设方面的职业价值和专业角色。然而，不能仅仅为了拓宽社会工作的专业知识领域和服务空间，而将环境议题归入社会工作的职责范围，我国社会工作介入环境议题有其现实需要，应结合国情、民情和专业三个方面的现状，探究我国本土社会工作介入环境议题的现实需要性。

三、我国社会工作介入环境议题的现实需要

（一）回应生态文明建设的时代命题

社会工作介入环境议题，是专业社会工作融入党和国家治理体系的需要，

更是响应中国生态文明建设的时代要求。自 2020 年以来，社会工作的身影和力量正在显现，社会工作成为国家治理体系的一部分，被纳入国家的宏观战略和法律制度当中。其中最具有标志性意义的是国家"十四五"规划中社会工作身影的体现。此外，"五社"联动机制被确立为现阶段基层社会治理的服务供给基本架构，作为"五社"成员之一，社会工作也相应地进入到基层社会治理的正式框架体系之中。《乡村振兴促进法》《家庭教育促进法》以及未成年人保护政策密集出台，都鼓励社会工作参与其中。民政部门也动员社会工作专业力量参与疫情防控。

　　生态文明建设是党和国家的事业，是国家意志和国家战略的表达。进入新时代，党中央多次做出与生态有关的论述和要求。党的十七大首次提出建设生态文明的目标；党的十八大把生态文明理念和生态文明建设写入宪法，纳入中国特色社会主义总体布局；党的十九大以来，我国从国家治理的角度切实推进生态文明建设，以引导国家经济社会发展进入可持续的良性运行轨道，美丽中国成为执政理念。我国政府和人民已经认识到，生态环境是关系民生和民族兴衰的根本性问题，也是回应当下社会所需的时代命题。生态环境没有可以选择的替代品，对人类而言，用之不觉，但却失之难存。围绕绿色议题，中央提出的"建设人与自然和谐共生的现代化""构建生态文明制度体系""绿色发展"等一系列重点任务，为国家治理指明了方向，也对社会科学提出了新的要求。目前各学科、各专业都在回应绿色生态问题及投身生态文明建设领域，社会工作自然无法置身事外。在这样的时代命题召唤之下，社会工作作为一支重要的社会力量，应当发挥专业力量、体现专业价值，主动介入我国生态治理问题当中。

（二）满足人民日益增长的绿色需要

　　社会工作提供专业服务的宗旨就是帮助服务对象脱离其所处的困境，尤其是聚焦于生活面向的困境。因此，满足人们的基本所需，也成为社会工作服务的重点目标之一。随着现代化的深入推进，人们对生活的定义和追求从解决生存温饱转向追求生活质量，而保护生态环境，是创造高品质生活不可或缺的一环。现代化带来了更绿色、更环保和更健康的生活理念。《公民生态环境行为规范（试行）》中第十条强调，坚持简约适度、绿色低碳的生活与工作方式，自觉做生态环境保护的倡导者、行动者、示范者，共建天蓝、地绿、水清的美好家园。绿色理念已经融入人们的日常行为，从光盘行动的自觉践行到新能源汽车的购买热潮，都显示了人们对于绿色生活的向往。社会工作在营造"绿色生活向往"的社会共识和文化氛围，以及满足人们的绿色所需方面，可以做出专业性的有效回应。

党和国家也已做出环境与民生关系的阐述，提出"良好生态环境是最普惠的民生福祉"这一重大论断。良好生态环境和民生福祉改善之间的关系是相得益彰的，尤其是要关注生态环境质量本身的民生需求及其满足价值。一方面，人和社会都是自然的一部分，另一方面，自然可以成为人类福祉的重要来源。党的十九大报告明确提出，"我国社会主要矛盾已经转化为人民日益增长的美好生活需要和不平衡不充分的发展之间的矛盾"。一个人与自然和谐共生的健康良好的生态环境，在创造更多物质财富和精神财富的同时，也有助于满足人民日益增长的美好生活需要。当认识到环境和民生的关系、察觉人们美好生活需要和建设良好生态环境的内在关联之后，社会工作可以凭借扎根基层的行动模式，秉持"良好生态环境是民生福祉"的福利观，提供贴近公共利益和满足民众需求的服务，来更好地回应和观照人民日益增长的以绿色、生态、健康为组成要素的美好生活需要。

（三）履行社会工作自身的专业使命

环境问题的形成与社会和政治的不公平、经济层面的传统工业化发展模式、文化层面的现代性价值观等密切相关，环境问题的本质是社会问题，其中隐含着人与人之间的不正义。由于中国是发展中国家，短时间大规模的工业化使环境问题急剧爆发，环境问题带来的结果和影响却并非均等地施加在每一个人身上。在更多的时候，环境问题的制造者往往既可以谋取私人利益，又不用承担破坏后果。环境问题不单单反映某些群体肆意破坏自然生态这一物理事实，也揭示出少数人任意剥夺绝大多数人的环境权利和环境正义这一社会事实。

社会工作的服务对象——弱势群体更容易遭受这样的环境不公，一方面，受到气候变化、自然灾害、生态环境破坏的危害，另一方面，又被迫承担着来自强势群体所转嫁过来的环境代价。弱势群体是社会生态问题的双重受害者，当存在不平等时，会更严重地加剧个人和家庭的功能失调，进而陷入更困难的生存境地。社会工作需要认知并化解隐藏于环境问题背后的各种不公平关系，消除弱势群体因环境问题而面临的困扰和不公。社会工作的专业使命及实践关怀在于维护弱势群体的权益，推进社会公平正义，在"助人自助"核心价值观的指引下帮助服务对象走出困境。因此，帮助弱势群体减少或免除因环境问题而带来的危机是社会工作义不容辞的专业职责和专业追求。环境正义理论认为，在使用自然资源、分配生态空间和承担环境责任方面，每个人应该是权责一致的、没有差别的。环境正义观与社会工作倡导社会公正的专业使命高度一致。正如莉娜·多米内利（Dominelli）所言，在促进和强化环境正义方面，绿色社会工作实践是一种良好的社会工作实践，因为它的干预是整体的、系统的，在解决压迫、环境退化和不公正的结构形式上的角色扮演和行动态度也是积极正向的。因此，为了回应弱势群体的需求，促进社会的公平正义，社会工作介入环境议题是对自身专业使命的履行。只有当弱势群体获得一种生活的重建，拥有更多幸福感时，社会整体福祉才会得以提升。

四、迈入生态关怀的社会工作本土进路

（一）价值：遵循"人与自然同等地位"的价值立场

价值观反映的是一种对于关系的判断，作为以价值为本的专业，社会工作对价值观的关注度相较其他学科更高，价值是社会工作的灵魂。长期以来社会工作是将对"人"和"社会"的关注作为自身行为的价值起点，这种以人为中心的思考模式对于迈入生态关怀的社会工作来说，必然是不合适的，这也提示社会工作应当重新审视人对自然的认识，以及人与自然的地位问题。这就发展出一种基于"生态正义"的社会工作观和思维方式，其是社会工作迈入生态关怀的关键一步。

西方社会工作正义观经历了从传统"社会正义"到浅层"环境正义"，再到深层"生态正义"的思想拓展过程，进而完成了从人类社会的公正到实现生态公正的绿色转向。"环境正义"从人的角度出发，将自然环境扩展到"人在环境中"理论中，因而社会工作还需要关注人在自然环境方面权利的公平正义。而"生态正义"发展了"环境正义"这个概念，跳出"以人为中心"的思考模式，把自然环境放在和人一样的地位——都是宇宙的一部分，因而社会工作在处理环境问题时应该反思人与自然的地位。习近平总书记在论述生态文明的应有之义时曾强调"人与自然是生命共同体"。有学者指出，即使我们现在将人与自然环境的关系提升到了生命共同体的高度，然而许多研究仍然停留在主客二元的思维中，将人类主体化、目的化，同时也将自然环境客体化、手段化。人与自然应该是一种互为主体性的关系，由此获得主体间共存的必然性。那种将人类和自然置于对立面，或错误地判定一个是另一个的附属品的二元论认知应当成为过去时，如今"生态正义"的价值观与中国生态文明语境下的"人与自然是生命共同体"的观念殊途同归，将自然环境放在和人相等同的地位，把自然与人类定位为不可分割、相互影响的共生关系。这种"人与自然同等地位"的价值立场，为社会工作迈入生态关怀的知识生产和行动策略提供了观念基础和价值依据。

（二）知识：促成"地方实践"的知识生产

后现代社会学理论范式打破了传统的知识观。乌尔里希·贝克（Beck）

曾指出："如果简单的现代化首先意味着以工业社会形态来重新嵌入传统社会形态，那么反思式现代化就意味着首先是工业社会形态的剥离，其次是另一个通过现代性对工业社会形态的重新嵌入。"这昭示了一种反思性转向，进而影响社会工作对专业知识的思考。专业知识并不是基于结构性的、普遍性的知识，而是在对话的过程中创造的。社会工作应该顺应后现代转向，承认身份流动性和多样性的意义。因此，如果仍然用从一开始就存在的概念来理解"环境"，而没有意识到这些概念大多数已经不再像过去那样起作用了，就无法理解当今身处的环境并解决环境中所存在的问题。知识路径的依赖已不能更好地使社会工作面对齐格蒙特·鲍曼（Bauman）所称的"流动的现代性"，知识只有不断地更新迭代，才能应对不断变化的社会。然而，中国社会工作的教育先行，知识生产遵循着一种自上而下的生成路径，为了弥合知识传统和服务形态之间的分歧，以及回应知识多元性的挑战，社会工作应当立足实践、生产实践性知识，把经验知识、实践智慧和科学知识作为对等物结合在一起来构建社会工作知识库，将自身所拥有的"是什么"的客观理论知识，与实践智慧中习得的"怎么做"的地方经验知识相融合，以更好地服务于环境和环境中的人。

就具体的知识生产路径而言，一是基于当地居民、服务对象以及其他地方行动者的知识。这是一种立足于当地情境中的知识生产，在这个过程中，可以使社会工作者看到当地的环境结构和个人生存之间所存在的诸多问题，以及两者之间的相互依存状况。二是来自社会工作者在实践中学习他人积累和产生的经验和知识。这两种知识生产路径有利于促使社会工作者更好地更新自身所掌握的关于生态环境和人的生存方面的知识。这同时也要求社会工作者保持一个开放的学习态度，坚持平等对话的机制，尊重地方性文化主位及那些看似非专业化、情境化实则具有很强治理效能的日常知识。虽然这种知识或许具有很强的地方性、经验性和特殊性，但它无疑会强化社会工作者的环境认知和应对技能，使社会工作者在面对复杂多变的情境时有可调动的知识资源，来作为指导自身服务行动的依据。知识技能与地方性环境知识相融合，使社会工作者与当地的各利益主体成为知识生产的合作伙伴，构建出共享性知识而在具体的场域中发挥作用。鼓励各主体共同投身生态环境问题的解决，也能增进全社会的环保认同和治理共识。基于"实践的"和"地方的"知识生产，为社会工作步入行动探索提供了方向性，也才能使开展的服务更为有效。

（三）行动：探索"社区整合"的行动策略

社会工作者开展环境治理应回归当地社区并与社区合作。从近两年的疫情防控工作可以看出，社区作为疫情防控的基本单位，发挥着举足轻重的作用。社区作为一个中观平台，是连接政府和普通民众之间的桥梁和纽带。近几年，本土社会工作正在发生"社区为本"的模式转向。"社区为本"作为一种整合社会工作实践，强调提升社区的内生力量，使社区增强自我成长、自我发展的能力。不少社会工作学者都提到解决问题的方法须在地方层面上发展出来，并在国家、区域和国际层面上得到共鸣。社会工作实务界也已经开始探索基于社区层面的生态问题解决思路，如，从事自然灾害的社区重建、居民环保意识和行为改变、社区环境治理、绿色社区建设、社区垃圾分类处理等。因此，社会工作要利用专业方法与服务技巧，以社区为行动场域，思考介入环境问题的具体行动策略。

首先，社会工作要塑造节约习惯，树立环保意识。在社区内从改变居民个人行为和意识方面着眼，提倡简约适度、绿色低碳的生活方式，反对奢侈浪费和不合理消费。具体可借鉴社会工作的绿色先行者张和清教授在绿耕实践中的一些做法，如组织"垃圾问题小组讨论会"、组织观看环保类纪录片、带领居民捡垃圾、举办环境保护等方面的公众教育和专题培训、开展其他宣传教育活动等方式来提升人们的环保意识、践行绿色生活。

其次，社会工作要融合多种方法，实现因地制宜解决问题。环境的多样性和问题的复杂性，决定了任何单一的或固定不变的方法都无法应对社区居民所面临的千差万别的生活挑战。当走进具体的社区生活场景，社会工作者了解个人或社区面临的问题，并分析问题的发生机制，通过个案、小组、社区相整合的服务策略来回应服务对象所面对的复杂问题。社会工作必须因地制宜地解决问题，不仅价值观、理论需要本土化，还要在社会工作情境中创造性地对方法策略进行选取和运用。

再次，社会工作要挖掘多种资源、调动多元主体。社会工作应优化整合社区内的现有资源、梳理支持网络，通过挖掘社区的优势、资产和能力等，激活社区的内部力量，与社区居民共同推动改变，还要借助组织志愿资源、培育社区领袖、树立先进个人等方式来盘活社区。社会工作者扮演网络平台搭建者和资源链接者的角色，应积极开发和整合社区外各类社会资源，构建社会互助网络，寻求与政府部门、环保组织、多方媒体等社会资源的链接进而发现新的可用资源。

最后，社会工作要进行政策倡导、促进社会变革。社会工作者基于社区实际情况开展针对性的服务，在与社区各种力量的沟通合作中，可以建立起与各方的对话机制，尤其是实现与政策制定者的对话，让社会工作者扮演倡导者的角色推动相关政策的完善和变革，最终形成一个由政府主导、社会多主体协同、居民积极参与的生态治理新格局（图1）。

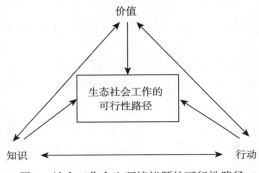

图 1　社会工作介入环境议题的可行性路径

五、结语

本文试图将社会工作的绿色之维纳入我国生态治理的话语体系当中进行研究和探索，但是就其本质而言，它只是为以后的深入研究提供了一个学术方向。唯有不断涌出好的绿色实践，才能使得方法的有效性和理论的内在机理得到验证，进而生成更具适用性的视角和更富操作性的行动逻辑和干预策略。作为一个以应用性、实践性作为本质属性的学科和专业，社会工作探入绿色之维，应当面向生活世界探析问题的解决之道或推进行动研究的探索，社会工作不能"悬浮"在真实的人和日常生活问题之外，必须将专业知识扎进社区实践中求得独特的经验和价值。同时，也只有从不断的实践和试错中才能形成适切的反思，即社会工作对人与自然平等的生态正义价值观的理解，或是在实践中体会自然生态与人类福祉间的关系，进而真正做到将价值观内化，并付诸行动中。

从全球和区域的发展方向来看，绿色是人心所向，而破坏生态则是违背人类文明的发展规律的。社会工作积极回应生态环境议题已是一种必然趋势，同时也具有现实意义。参与生态文明建设对于社会工作专业而言，既是重任，也是机遇。中国社会工作共同体需要承担起应对环境问题的专业责任。希望社会工作既有资格、也有能力作为社会力量的组成部分来推动实现人与人、人与自然，以及人与社会的相互和解。

参 考 文 献

李映红，2020. 论人与自然互主体性的复归［M］. 中国矿业大学学报（社会科学版），22（4）.

舒马赫，1985. 小的是美好的［M］. 北京：商务印书馆.

王进文，2021. 社会工作介入环境问题：议题生成、实践逻辑与路径选择［J］. 华东理工
　　大学学报（社会科学版）（1）.

王进文，2022. 迈向行动的社会工作：环境问题介入的学科反思与路径建构［J］. 华东理
　　工大学学报（社会科学版）（2）.

严骏夫，徐选国，2019. 从社会正义迈向生态正义：社会工作的理论拓展与范式转移［J］.
　　学海（3）.

赵一红，2019. 生态社会工作与社会工作实践［M］. 北京：社会科学文献出版社.

中华人民共和国生态环境部，2022. 关于公布《公民生态环境行为规范（试行）》的公告
　　［R］.［2022 - 06 - 24］.

朱红文，2013. 国家意志与生态文明建设［J］. 湖南社会科学（1）.

DOMINELLI L，2013. Environmental Justice at the Heart of Social Work Practice：Greening
　　the Profession［J］. International Journal of Social Welfare，22（4）.

MILLER S E，HAYWARD R A，et al，2012. Environmental Shifts for Social Work：A
　　Principles Approach［J］. International Journal of Social Welfare，21（3）.

NARHI K，2012. Thansferable and Negotiated Knowledge. Constructing Social Work Expert-
　　ise for the Future［J］. International Journal of Social Work，2（3）.

WARD D，2001. The Ecosocial Approach in Social Work［J］. Jyvaskyla Sophi.

　　石昱岑，讲师。本文系内蒙古高校创新团队发展计划"内蒙古草原生态安全保障能力研究创新团队"（NMGIRT2218）；内蒙古自治区高等学校科学技术研究项目"新文科背景下社会工作专业培养方案的课程体系设计及创新实践"（NJSY21497）；内蒙古农业大学教育教学改革研究项目"高校学业困难学生的识别与帮扶——社会工作专业方法的拓展性应用"（SJJX202018）的阶段性成果。该文原刊于《内蒙古农业大学（社会科学版）》2022 年第 5 期校庆专刊。

内蒙古地区以"五社联动"机制推进乡镇（街道）社工站建设路径研究

——以通辽市 A 街道社工站为例

杨荟平

《中共中央　国务院关于加强基层治理体系和治理能力现代化建设的意见》（以下简称《意见》）强调，基层治理是国家治理的基石，统筹推进乡镇（街道）和城乡社区治理，是实现国家治理体系和治理能力现代化的基础工程，同时要坚持共建共治共享理念，建设人人有责、人人尽责、人人享有的基层治理共同体。《意见》还指出，要发展公益慈善事业，完善社会力量参与基层治理激励政策，创新社区与社会组织、社会工作者、社区志愿者、社会慈善资源的联动机制。"五社联动"的社区治理工作思路，可以广泛联动多主体参与社区治理，助推基层治理体系和治理能力现代化，"五社联动"就是"共建共治共享"理念在基层治理中的重要体现。

近年来，内蒙古立足边疆少数民族地区实际，将乡镇（街道）社工站建设作为为民服务和基层治理创新的基础平台，并以"五社联动"机制积极推动苏木乡镇（街道）社工站建设，促使基层治理和服务水平提质增效。本文以通辽市（内蒙古自治区辖地级市）2021 年 A 街道社工站的"五社联动"试点项目为例，以行动研究为指导，以专业实践为支撑，系统梳理内蒙古地区以"五社联动"机制推动乡镇社工站的建设的现状、存在的问题或困境等，着力探讨统筹推进内蒙古地区乡镇（街道）社工站建设工作的实践路径。

一、内蒙古地区乡镇（街道）社工站建设现状

自 2020 年下半年以来，民政部及各地民政部门均加快了乡镇（街道）社工站的建设和推广速度，并将之作为各级民政部门促进改革强基提升质量的重点工程，实现"十四五"期间全覆盖。站在政府角度，大力推进社工站建设的核心目的，就是要打通为民服务的"最后一米"，使社工服务能真正普及并扎根基层，将为民、惠民政策真正送进并落实到千家万户。

（一）宏观政策制度保障情况

内蒙古立足边疆少数民族地区实际，将乡镇（街道）社工站建设作为为民服务和基层治理创新的基础工作，纳入党委、政府重要议事日程，并以"五社联动"机制积极推动苏木乡镇（街道）社工站建设，促使基层治理和服务水平提质增效。自治区第十一次党代会将健全"五社联动"机制写入《第十一次党代会工作报告》；自治区政府批准建立了社会工作厅际联席会议制度，将"提升市域社会治理水平，健全社会工作体系"纳入政府工作的主要任务；《"十四五"民政事业发展规划》将社工站建设和健全"五社联动"机制作为助力基层治理、实现乡村振兴、完善社会救助制度的重要举措。2021年11月，自治区民政厅、党委组织部等17部门联合出台的《推动全区社会工作高质量发展创新提升基层治理和服务能力行动计划（2021—2025年）》提出，加快构建旗县（市区）社会工作服务总站、苏木乡镇（街道）社会工作服务站、城乡社区社会工作服务室三级社会工作服务平台。按照"一年试点、两年扩面、三年成形、四年覆盖、五年完善"的步骤，重点推进苏木乡镇（街道）社会工作服务站建设。2021年组织实施"五社联动"社会工作服务试点工作，利用中央下拨的福彩公益金、困难群众救助工作经费以及财政专项资金2 560万元，支持社工服务机构运营128个苏木乡镇（街道）社工站。为全面掌握全区服务试点和社工站运营相关情况，切实增强自治区"五社联动"社会工作服务试点质效，统筹推进全区社工专业人才队伍建设和苏木乡镇（街道）社工站建设工作，委托内蒙古社会工作协会对2021年自治区"五社联动"社会工作服务试点项目进行专业督导，通过工作督导、服务监督、教育培训、绩效督导等方式，围绕试点主要任务、服务标准、群众满意度、财务管理等内容，对每个"五社联动"试点执行进度和目标完成情况进行督导、评估，及时发现试点实施过程中存在的问题，确保试点工作取得实质性进展和达到预期成效。

（二）全区2021年"五社联动"试点项目开展情况

试点工作扎实有序推进。2021年，全区社工站试点共128个，其中，通辽市8个。从阵地建设情况看，各地利用党群服务中心、新时代文明实践站等基层公共服务平台，布局建立社工服务站（室）并全部挂牌，社工站总体运行良好，但也存在推进基层工作迟缓和发展不平衡等问题。

推进实施呈现诸多亮点。各地普遍将健全"五社联动"机制和加强社工站建设列入民政事业"十四五"规划，着力构建党委领导、政府负责、群团助推、社会协同、公众参与的社会工作统筹协调机制，持续推动社工站建设本土化、规范化、专业化发展。在制度设计方面，多数盟市出台社工站建设、社工人才队伍建设等制度文件，明确目标方向和方法路径；在资金投入方面，鄂尔多斯、包头等地实行盟市、旗县（市、区）二级财政1∶1比例分级负担，呼和浩特等地在旗县（市、区）、苏木乡镇（街道）通过本级匹配部分资金或协调旗县配套资金等方式，保障试点工作顺利推进；在平台建设方面，鄂尔多斯、呼和浩特等地在织密旗县、苏木乡镇（街道）、社区社工站服务网络的基础上，建成盟市社工服务指导中心，形成四级联动社工督导与服务体系；在工作推进方面，鄂尔多斯、呼伦贝尔、巴彦淖尔等地及时召开专题会议，并开展专项督导，夯实压紧主体责任。

二、内蒙古地区乡镇（街道）社工站建设面临的困境分析

（一）社工专业人才不足，专业化水平低且流动性较大

调研发现，各盟市在推动社工站建设方面，专业的社会工作人才相对缺乏，而本土培养的人才有限，现有社工专业化水平低且流动性大。全区虽有10家高校开设了社会工作专业，但毕业生做专职社工的寥寥无几。全区12 183名取得资格证书的人员中绝大部分在体制内工作，并未从事社工实务。现有社工中缺少专业教育背景的比例很高，特别是旗县社工持证率偏低，在一定程度上影响了服务效果。如A街道社工站，经过2~3个月才配备齐全3名驻站社工，3人均为本科高校社会工作专业毕业，尚未取得全国社会工作者职业资格证书，其中有人有考研的打算，所以社工站随时面临社工人员流失的风险，类似这样的情况，在相当部分的社工站均存在，社工招聘难、留人难问题依然突出，人才流失严重。

（二）乡镇（街道）社工站建设主体合力效应尚未形成

社工站的归属权在乡镇（街道），社区要发挥平台作用，社会工作者是专业支撑，社会组织是载体，社区志愿者发挥依托作用，社会慈善资源发挥助推作用。"五社"各司其职、各尽其责，协同联动形成合力才能推动社区工作的开展。但当前，社工站社工力量有限，社工对社工站的建设往往力不从心，更何况社工的职能范围较广，包括满足服务对象需求、参与基层治理、促进社区文化建设等，而乡镇（街道）社工站建设是作为为民服务和基层治理创新的基础平台被委以重任，因而在乡镇（街道）社工站的建设中更需要开展多元主体协同联动模式，共同推进乡镇（街道）社工站建设。

在调研中发现，有的社工认为资源永远掌握在特定的人手上，比如说政府、企业、各领域的专业人员等。其实服务对象本身就是一种资源。优势视角论认为，应当把人及其生活的环境中的资源作为社会工作助人过程中所关注的

焦点，而非关注其问题。这就意味着被服务的对象可以作为被链接的资源，亦可作为被联动的主体参与到乡镇社工站的建设当中。现有情况是，认识不统一，缺乏多元协同建设社工站的相关主体，主体过于单一，从而阻碍了乡镇社工站的建设。

（三）社工服务精细化程度有待提高

通过服务的开展发现，社工站在服务精细化程度方面存在不少问题。如，在需求调研层面，大部分机构主要侧重于普惠型的需求调研，而针对不同性别、年龄、类别的群体采取有针对性的需求调研简直微乎其微。未能对解决困难群体和特殊群体的急难盼问题进行分析归类，需求得不到聚焦，未围绕助力民政的基层组织建设、基础设施水平和基本公共服务设施建设服务，无法提升居民获得感、幸福感、安全感。提供的服务方案中理论基础一项大多都是摘抄课本理论原文，并未结合所开展的实际服务进行阐述。服务精细化程度方面存在的问题，导致开展的服务精准性不够，深入基层、深入一线与居民群众面对面的时间不够多，因此社工站服务方式方法有待进一步改进，群众性有待进一步增强。

（四）社会工作专业性和自主性难以保障

社会工作的专业性是毋庸置疑的，社会工作是以利他主义价值观为指导，以科学的知识为基础，运用科学方法助人的职业化的服务活动。社会工作被赋予了"科学"的高度，理想化中的专业化的社会工作服务能够协助服务对象实现可利用资源的最大化。但在实践中，社会工作在推进过程中却因多种因素共同影响而面临困境。例如，社会工作在实践中容易被当作社区行政工作的延伸，社会工作的专业性和自主性被忽视，这是社区工作人员对社工认识不足所导致的，而社工站又建立在社区居委会的办公楼内，常被"安排"行政工作，彼此关系界定不清晰，社会工作专业性和自主性得不到保障，社会工作者就难以为乡镇社工站建设发挥专业支撑的作用。

（五）社工站建设的持续性难以保证

社工站建设是政府通过购买"五社联动"试点社会工作服务，委托给社会工作服务机构建设的项目。社会工作服务机构在建设社工站的过程中存在的问题有：首先，社工机构承接项目都要与民政等有关部门签订服务协议，合同的期限为一年。按照规定，服务协议到期之后，必须要按照程序重新招投标。这样一来，之前的社工机构不一定能中标，导致现有的一些社工服务由别的社工机构提供或者试点项目到期后无法继续，这种项目中的不稳定性不仅会影响项目服务的质量，还会影响社工机构的发展。其次，2021 年试点探索刚显初步成效，但项目到期后无法获得持续资金支持，现有建成的社工站就面临"撂荒"的可能性，试点工作成效大打折扣。再次，部分地区由于缺乏经费，其社工站的建设和服务的开展由地方的社区工作人员进行，而在疫情影响下，大部分社工站处于房屋空置、服务空置的状态，无专职常驻社工，服务的专业性、创新性、持续性难以保证。最后，部分社会组织表示，由于缺乏经费，以及为了机构的生存和员工的稳定，并未打算再次承接社工站的工作，同时诸多社会组织甚至担心未到位的经费能否准时到位，这就导致社工站项目的持续性难以保证，甚至出现有项目无机构承接的现象。

三、内蒙古乡镇（街道）社工站建设面临困境的原因分析

（一）经费配套不平衡

资金是社工站建设和社工机构发展的"血液"，是正常运营和开展项目服务的基本物质保障。通辽市地处内蒙古自治区东部、松辽平原西端、科尔沁草原腹地。东与吉林省接壤，南与辽宁省毗邻，西与赤峰市、锡林郭勒盟交界，北与兴安盟相连。总面积595 35平方千米，截至2021年末，全市常住人口285.31万人。虽近几年通辽市经济平稳发展，但由于历史、政策、体制等多种因素的影响，通辽市经济总体水平仍然偏低，同其他地区相比具有较大差距。当地政府近些年虽对社会工作的发展重视程度增加，但政府投入的财政资金仍然偏少，且购买机构服务不足。当前，经费不足和不及时拨付仍是全区多数试点项目面临的共性问题。资金的缺乏严重影响了社工机构的发展和活动开展，制约了社工机构影响力的发挥。

（二）社工专业人才"缺口"较大

内蒙古地区社工专业人才"缺口"较大体现在，本土社工专业人才总量不足和本土社工专业人才流失较大两个方面。首先，内蒙古地区目前已有10所高校开展社会工作本科教育，5所院校开设社会工作专业硕士教育，而通辽市无一所高校开展社会工作专业教育。内蒙古地区每年仅有约450名社会工作专业高校毕业生，每年社工专业毕业生中又只有少部分人从事本专业工作，本土社工专业人才总量严重不足。其次，人才引不进，留不住，特别是身为欠发展地区的内蒙古地区本土社工人才流失严重。每年约450名社会工作专业毕业生因为薪资待遇低、城市经济发展滞缓、社工行业发展不成熟等原因，未等成为社工专业人才就多转向了其他领域或社工行业更加发达的沿海城市。此前，据统计在内蒙古地区从事社会工作相关领域的社工专业毕业生仅为2%，近些年

这个比例有所上升，但社工人才流失严重仍是内蒙古地区本土社工人才队伍建设不足的重要原因。

（三）各主体对社工站建设的重要作用认识不到位

2021 年《中共中央　国务院关于加强基层治理体系和治理能力现代化建设的意见》明确指出，要完善社会力量参与基层治理激励政策，创新社区与社会组织、社会工作者、社区志愿者、社会慈善资源的联动机制。中共中央办公厅、国务院办公厅印发的《关于加快推进乡村人才振兴的意见》、国务院办公厅印发的《"十四五"城乡社区服务体系建设规划》都对加快推动社会工作服务站建设提出明确要求。

从目前情况看，各级民政部门对社工站建设有了全新认识，但还存在一些问题，首先，把社工站平台的作用放在为增强基层（民政）服务能力上了，在乡镇（街道）和城乡社区引入社会工作人才协助开展专业服务，运营社会工作服务站。其次，满足基层群众的各类需求（急难愁盼）、创新基层治理和服务模式架构谋划推进不够。从制度建设上来看，尚未将本地区有关职能部门（单位）间专业社会工作发展联动制度纳入建设框架。现实的突出表现是组织部门和民政部门对专业社会工作发展参与程度高，其他部门参与程度低，部门间联动力度不足。尤其在旗县区的民政部门更是明显，无论从资金配套上，还是工作推进上都反映了此状况。街道社区也存在要么过度干预，将社会工作专业人才变为填表报数、提米送油等配合苏木乡镇（街道）干部的勤杂人员，要么职责含糊、粗放管理，以行政监管式工作居多，给予承接机构支持性的、专业化的举措和建议较少，承接机构每月应付来自各级的填表报数、总结汇报和系统填报等工作的时间要占据 1/4 左右的工作时间，这严重影响了驻站社工开展服务。

（四）社工机构/驻站社工专业化程度不足

一方面，不少社工机构仅凭着一腔热情进行着自己并不了解的工作，缺乏现代化专业理念，严重制约了社工机构的发展。还有部分社工机构的负责人无专业社工背景，虽有公益热情，但碍于自身社会身份，在实施管理的过程中极易出现一些与一线社工专业理念偏差较大的做法，这不仅会影响社工机构内部上下级的关系，而且也会影响社工服务的个性化、多样化、系统化，无法有效应对新的、复杂的服务需求，所提供的服务规范化不够。

另一方面，专业社工人才的短缺和社工机构内部尚未建立完善的督导体系，导致社工站在专业化程度方面稍显不足。部分社会组织对于社工站建设、社工站服务及运营理解不清，甚至存在部分社会组织在运营方面单纯地把社工站当成了专业的养老服务、青少年服务基地。在服务的开展方面，以"热热闹闹"的活动式的服务为主，解决居民群众"急难愁盼"的暖人心、惠民生的服务较缺乏；在人才培养方面，"五社联动"项目承接机构只针对持证社工开展专题课程培训，并未对其开展社会工作基础理论教学及实操能力训练等系统培训；在服务宣传方面，"五社联动"项目承接机构发布的新闻稿质量有待优化提升，现有文字稿件内容并未充分展示专业内涵及服务的有效性。社工的专业性在服务中无法体现，承接主体的专业性均存在一定的差异。专业化问题使得打造一批可复制、可推广、可深耕的优秀社会工作服务品牌受到了相当程度的制约。

四、内蒙古地区以"五社联动"机制推进乡镇（街道）社工站建设的实践路径研究

行动研究认为应将行动和反思、理论与实践结合在一起，指引社会工作研究突破传统，将研究和专业实践相结合。笔者通过切实参与通辽市 A 街道社工站建设的实践活动，从中进行反思，总结出内蒙古地区以"五社联动"机制推进乡镇（街道）社工站建设的实践路径。

（一）推进站点建设，完善"联动"平台

一是完善修订全区乡镇街道社工站组织架构、各类制度，强化服务内容、服务流程、服务要求、服务评估、服务质量等事项，理顺各主体间的关系，促进工作推进协调畅通。二是在完善三级服务体系的基础上，努力推动盟市社会工作服务指导与督导工作，明确各层级分工与职能，确保事有人管、资金有保障、服务有人做。三是对现有社工站阵地升级提质。除按照有阵地、有人员、有制度、有项目、有标识、有成效等标准配置外，更要加强设施功能的融合，推动实现各设施一体化运作。同时，构建以党组织为引领，带动各级各类社会公益组织、志愿者及爱心人士、社会慈善资源联动，逐步形成广布城乡社区的社工服务网络。四是摸排梳理符合本地实际的专业服务，既要考虑覆盖率、辐射度的问题，又要聚焦困难群众的揪心事、烦心事、操心事等个性化需求，"五社联动"项目承接机构要在"实"字上做文章，要确保各项工作记录不缺项漏项，注重规范性，切忌假大空，坚决杜绝编造服务内容、活动环节的做法，不断提升服务的专业化水平和精细化程度。五是将"五社联动"项目和社工站建设任务在本地区范围内进一步全面铺开，以此推动相对落后旗县（市区）社工站和社工机构的建设和发展，促进本地区专业社会工作均衡发展。

（二）加大专业人才培养力度

"五社联动"试点项目对于专业人才有极高要求，只有加大对专业社会工作人才的培养和引进力度，才能增强社工站的价值。第一，"五社联动"项目承接机构要在苏木乡镇（街道）社工站配齐专职社工，建立健全本地区社会工作专业人才薪酬保障机制，并对社会工作专业人才开展社会工作基础理论教学及实操能力训练等系统培训。第二，以职业化、专业化、本土化为方向，做好持证社工继续教育培训工作。通过举办专业培训班、研讨会、专家讲座等方式，进一步培育社工的职业理念，深化其职业内涵，提高其专业素养，努力建设一支数量充足、结构合理、素质优良的社会工作专业人才队伍。第三，鼓励在地基层工作人员考取社会工作者职业资格证书，提高其专业知识和技能及开展基层治理服务的能力，使其不但熟悉地方、适应地方，更要扎根地方、服务地方，从而真正建成一支扎得下、用得上、留得住的社工人才队伍。第四，进一步发挥高校在培养社会工作专业人才方面的作用，通过建立相关实训基地等形式，实现高校专业教育力量与社工机构社会实践力量的相互协作与融合，切实提升社工的专业能力和社工服务的专业化、职业化、规范化、标准化水平，有效增强基层服务能力。第五，扶持社工机构面向社会招募人才，对待岗社工进行培训，组织一线社工继续学习，提高其专业性，内化"助人自助"的服务意识和社工精神。同时，鼓励社工加强自学能力，熟悉了解相关的典型案例，学习解决问题的方法和技巧。第六，扶持一批有专业、有影响的社工服务机构，增强苏木乡镇（街道）社会工作人才发展的示范引领作用。

（三）加强社区服务平台建设，充分发挥社区的枢纽作用

党的十九届四中全会提出"建设人人有责、人人尽责、人人享有的社会治理共同体"，党的十九届五中全会又重申了这一要求，并进一步提出推动社会治理重心向基层下移、向基层放权赋能。社会治理是一项复杂工程，而社区是社会治理的重要突破口，"社区治理共同体"的构建，无疑在其中起到非常关键的作用。

A街道社工站以真实亮眼的成绩，逐渐与社区"两委"建立起了互信、合作关系。社会工作者运用社工专业知识服务社区群众，破解社区治理难题，逐渐摸索出了为民服务和基层治理创新的路径。在加强社区服务平台建设的过程中，社区工作人员也逐渐加深了对社会工作职能的认知，增强了对社工的重视程度和相关工作的配合度。社会工作者通过沟通、鼓励、引导社区工作人员参加全国社会工作者职业水平考试，以社区平台为依托进行社会工作专业人才培养，为社工站建设提供人才支撑；帮助社工站建章立制、规范服务管理，促

进社会工作服务站规范化、标准化建设。

（四）积极培育社区社会组织，为乡镇社工站建设提供载体保障

目前，全区大多数地方的社工站建设还处于起步阶段，能够有效整合的资源、提供较高专业性服务的社会组织还相对有限，我们要坚持稳步快走，进一步加强社会组织的培育孵化。A街道社工站驻站社工坚持优势视角理论，相信服务对象本身就是一种资源，即便服务对象此时身处不同的困境，但其身上依旧具有优势，并着力在培育壮大社区社会组织、培养社区社会组织骨干人才、社工指导社区社会组织开展自助互助服务等方面采取措施，坚持自发自愿原则，充分调动社区居民参与乡镇社工站建设的积极性，提高居民的自助互助能力和其自身的内生动能，为乡镇社工站建设提供载体保障。

（五）汇聚志愿者力量，推动乡镇社工站建设

为壮大志愿者队伍，社会工作者应培育发展社区志愿服务组织，再从中培养社区骨干志愿者，让骨干志愿者动员组织开展社区志愿服务项目，对志愿服务进行规范化管理，通过落实志愿服务记录与证明出具制度等方式加强志愿服务对学生的吸引力，从而推动更多学生参加社区志愿者服务队。A街道社工站基于对社区居民情况的了解，结合对学生志愿活动的激励制度，再通过已经加入学生的相互引荐，逐渐培育发展社区志愿服务队伍。驻站社工会组织志愿者队伍开展活动，通过自媒体宣传、派发宣传单、组织宣讲等方式，提高居民对社会工作的了解程度，使社区居民明白乡镇社工站建设的重要性和社工站与居民的联系所在。A街道社工站在培育发展社区志愿服务队伍的过程中积极推动社区志愿者参与社会工作，使他肩负培养和引导社区志愿服务队的重任。这样培育出的志愿者服务队能够更好地帮助社会工作者提供更加专业的社会服务，关爱弱势群体，帮助他们走出困境，也在一定程度上减轻社会工作者的压力，短时间内降低乡镇社工站建设对社会工作专业人才的迫切需要，为社区的居民提供多元化的服务。

（六）内引外联，链接社会各方慈善资源

整合优质社会资源是社会工作服务的基本保障和不竭源泉。社工要充分调动有形的、无形的社会资源，建稳、建好乡镇社工站。建立困难群众与社会慈善资源对接机制，让慈善资源精准帮扶，定期开展慈善救助。A街道社工站通过了解社区内贫困户以及高龄老人、单亲家庭、残障家庭等困难群体的居民信息，定期组织开展慈善捐助和入户帮助等慈善活动，引导更多居民参与慈善

救助。并与经常进行慈善捐助的居民加深往来，为在社区建立社会慈善组织打基础。还鼓励有心但无法进行物质捐助的社区居民在社工的指导下进入困难群体的家中开展邻里互助活动。对外，社工充分发挥社工组织协调、链接资源的优势，搭建资源链接链，使外部社会各方慈善资源进入社区和困难群体的家中。A 街道社工站打算将来在社区内部建立慈善基金会，从外部吸引社会慈善组织入驻，并对社会慈善组织进行规范化管理，让其作为独立主体纳入社区基层治理和乡镇社工站建设当中。

参 考 文 献

广东省民政厅，2023. 广东社工"双百计划"督导工作管理暂行办法［A/OL］.（2023 - 08 - 19）［2023 - 08 - 15］. https：//www. sohu. com/a/334828455_825958. 2019.

广东省民政厅，2021."广东省兜底民生服务社会工作双百工程"实施方案［A/OL］.［2021 - 01 - 04］. http：//smzt. gd. gov. cn/zwgk/tzgg/content/post_3170650. html.

柳望春，2021. 建立健全"五社联动"机制 提升社区治理效能［J］. 中国社会报，2021 - 09 - 16.

内蒙古自治区民政厅，2021. 呼和浩特市：持续夯实基层社会治理基础［A/OL］.［2021 - 08 - 12］. http：//mzt. nmg. gov. cn/mzzx/jcxx/zhbg/202108/t20210812_1876958. html.

内蒙古自治区民政厅，2021. 推动全区社会工作高质量发展创新提升基层治理和服务能力行动计划（2021—2025 年）的通知.［A/OL］.［2021 - 09 - 10］. http：//mzt. nmg. gov. cn/zfxxgk/fdzdgknr/gfxwj/202302/t20230216_2257507. html.

任敏，胡鹏辉，郑先令，2021."五社联动"的背景、内涵及优势探析［J］. 中国社会工作（2）.

王思斌，2021. 积极建设乡镇社工站 促进基层治理现代化［J］. 中国社会工作（8）.

王思斌，2019. 我国社会工作要走向高质量发展［J］. 中国社会工作（1）.

王思斌，2021. 乡镇社工站建设与制度创新［J］. 中国社会工作（5）.

习近平，2020. 习近平在统筹推进新冠肺炎疫情防控和经济社会发展工作部署会议上的讲话，［N］. 人民日报，2020 - 02 - 24.

谢霄，2020. 街镇社工站建设，看看深圳怎么做［J］. 中国社会工作（11）.

徐蕴，2021. 湖南"禾计划"：如何从 1.0 版本进阶到 3.0 版本［J］. 中国社会工作报，2021 - 03 - 03.

颜小钗，谢霄，2021. 用"五社联动"机制推动社工站建设［J］. 内蒙古出台试点实施方案（9）.

　　杨荟平，2020 级社会工作专业本科生。该文荣获《第十四届中国社会工作大学生论坛暨第六届研究生论坛（本科生)》三等奖，指导老师汪海玲。

社会工作视角下困境儿童社会支持体系研究

——基于 H 市困境儿童关爱保护服务项目的实践

邬娟娟

一、困境儿童内涵及其多元需求分析

(一)困境儿童内涵界定

2002 年我国学术研究领域和政治领域首次出现了"困境儿童"一词；2003 年大众媒体开始使用"困境儿童"一词对相关事件进行报道；2006 年政府首次在民政部门联合 15 部委出台的《关于加强孤儿救助工作意见》中对"困境儿童"进行了界定；2013 年民政部在其召开的全国适度普惠型儿童福利制度建设试点工作推进会中将"困境儿童"作为政策用语使用。通过对困境儿童的相关文献资料梳理可以发现，学界对于困境儿童的概念并没有统一的界定，更多是在外延上对困境类型进行了划分。困境儿童的类型划分主要依据困境类型、困境时长、困境显示度三种标准。学界对困境儿童比较经典的研究有：2005 年，刘继同先是将弃婴、孤儿、残疾儿童、流浪儿童、贫困地区的儿童、寄养儿童、艾滋病孤儿、犯罪家庭的儿童、患孤独症儿童和童工纳入困境儿童的范畴，后又将困境儿童类型分为孤儿、残疾儿童、弃婴、流浪儿童、贫困儿童、艾滋病孤儿及服刑人员子女。2014 年，尚晓援、虞婕提出了将困境儿童分为三种类型，即生理性困境儿童、社会性困境儿童和多重困境儿童。在实务项目中，我们将困境儿童定义为：因儿童自身和家庭原因而陷入生存、发展和安全困境，需要政策和社会予以关心帮助的儿童。

本文结合学术研究和实务项目对困境儿童的概念进行界定，将困境儿童分成孤儿、事实无人抚养儿童、因贫困残陷入困境的儿童三大类。关于 H 市的困境儿童关爱保护项目就是以这一概念为理论基础来进行调查研究的。

(二)困境儿童的多元需求分析

由于三类困境儿童在男女性别、生长年龄、生理和心理条件、家庭结构、成长的环境等方面存在着不同的限制,所以困境儿童呈现出对基本生活、教育、医疗等方面的多元化需求。本文随机抽取 H 市困境儿童关爱保护项目的300 名儿童,以此为样本,归纳整理其相关信息资料,利用统计分析法来研究困境儿童的多方面需求。

1. 样本信息基本概况

在困境儿童性别占比上,男性困境儿童较女性困境儿童人数较多,约占比55%;从困境儿童所处的地域划分成市区和旗县两个方面,其中旗县区域困境儿童的占比约为 58%;将儿童的健康状况划分成健康、疾病、残疾三大类,其中健康儿童占比约为 32%、疾病儿童占比约为 37%、残疾儿童占比约为31%(表 1)。

表 1 困境儿童基本信息归纳

类型	性别		地域		健康状况		
	男	女	市区	旗县	健康	疾病	残疾
孤儿	26	19	24	21	17	19	9
事实无人抚养儿童	52	35	34	56	52	31	7
因贫困残陷入困境的儿童	86	82	68	97	27	62	76

根据儿童的平均就学年龄,我们将困境儿童分为学龄前阶段(3 岁之前)、幼学阶段(3~6 岁)、小学阶段(7~12 岁)、初中阶段(13~15 岁)、高中阶段(16~18 岁),从图 1 可以看出小学阶段的困境儿童占比最大,约为 45%,学龄前阶段的困境儿童占比最小,约为 4%(图 1)。

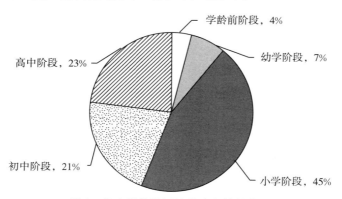

图 1 各个学龄段困境儿童人数的占比

本文将困境儿童监护类型分为父母监护、父或母无监护能力、祖辈监护、亲朋监护、无人监护、其他监护,并对监护情况进行了星级评价(表 2)。

表 2 监护类型及监护情况星级评价（程度越深，星星数量越多）

监护情况	父母监护	父或母无监护能力	祖辈监护	亲朋监护	无人监护	其他监护
较好	★★★					
一般		★★	★			
不好				★	★★★	★★

2. 困境儿童的多元需求分析

学习教育需求：在困境儿童群体中，因贫困导致困境的儿童占 39%，这类儿童因自身或者家庭的原因，无法正常地完成学习活动，他们对于教育保障的需求明显；在项目中的一次个案服务中，我们了解到小如（化名）是一名正值中考的初三学生，课业负担较重。但是小如的爸爸文化程度较低，无法辅导女儿的学习，而且还身患重病，小如在放学回家后还要承担大部分家务，课余的学习时间少之又少。对于这类儿童，他们由于监护人的文化程度有限或者其他各种因素（比如没有时间辅导）的影响，在学习帮助等方面有较大的需求。

行为矫治需求：在 W 县开展的一次朋辈小组活动中，我们调研的人员大部分是由于父母离家出走或者残疾等原因无法完成监护，由爷爷奶奶来承担监护的儿童，通过活动我们发现小组中的孩子大部分比较爱说脏话，习惯用野蛮的方式解决问题，易怒，无法很好地控制自己的情绪，多个孩子甚至在活动过程中起了冲突。这类儿童，由于受祖辈文化教育水平较低和溺爱的影响，养成了一些不好的行为习惯，对于这类儿童，应对他们进行行为上的矫治，帮助他们养成良好的行为习惯和正确的情绪管理方式。

生活照料需求：对于残疾儿童来说，他们无法独立活动，只能依靠他人的帮助。但是对于大部分家庭来说，单独付出一个劳动力来照料儿童，是要承受很大压力的，并且一般的家庭照料人都不具备相关的护理常识，照料的效果也一般。对于这类儿童，他们需要专业的照料者来帮助他们完成日常的活动并进行恢复训练。

情感关怀需求：在对孤儿进行调研时，我们发现大部分孤儿的性格都比较内向，他们不愿意与人沟通交流，不主动表露自己的内心，处于人际交往关系的边缘。这类儿童由于失去双亲的陪伴，缺失许多情感上的慰藉，对于这类儿童我们需要给予格外的关注和安慰。

社会融入需求：在对 T 县进行入户探访时我们发现了一个叫小刚（化名）的小男孩，他长期和爷爷居住在一起，爷孙俩几乎不怎么沟通，由于生活拮据，爷孙俩住的地方比较偏僻，周围没有与小刚一样的同龄人，这导致小刚没有沟通的对象。久而久之小刚就不愿意与其他人进行沟通，也不愿意去人多的地方。这类儿童，由于长期和祖辈生活在一起，没有可以沟通的对象，渐渐就无法融入周围的环境了，所以他们对社会融入的需求较强烈。

价值观树立的需求：整理儿童信息时我们发现，绝大多数儿童成为事实无人抚养儿童是因为父母一方或者双方服刑而造成的，对于这类儿童我们要帮助其树立正确的价值观和规则意识，并且要关注其内心的需求，避免其因家庭原因而产生自卑的心理。

二、H市困境儿童关爱保护服务项目实践

（一）多元活动的开展

基于上述对于困境儿童的需求分析，笔者在 H 市 xxx 机构参与了一年左右的有关困境儿童项目的专业社会实践服务。服务针对不同类型的困境儿童开展不同特色的关爱保护活动。

1. 需求评估服务

项目服务工作人员在市区（旗县）的儿童福利工作人员、各个街道（乡镇）的儿童督导员、相关村（居）儿童主任的配合下，充分了解了困境儿童的生活及学习状况，建立了"一人一档"的精准化信息档案，为下一步开展困境儿童各项服务工作打牢了基础。同时，针对有临时性需求的服务对象，项目服务工作人员及时做出了回应并提供了解决方法，为解决困境儿童的临时问题提供了有力的保障。

2. 家庭关系调试服务

困境儿童许多问题的产生，都是由家庭引起的。与家庭成员不沟通或者无法进行有效的沟通，都会导致儿童在行为或者心理上出现一些偏差。家庭关系调试服务有助于帮助儿童家庭改善家庭关系，教会家庭成员良好的沟通方式，为儿童营造一个幸福、积极、有爱的家庭氛围。家庭关系的改善，能够帮助儿童养成良好的品质，使儿童在学校或者社区更愿意与人沟通，与他人建立良好的关系。

3. 心理健康主题服务

针对各类青少年心理问题造成的不良行为习惯、由情感缺失导致的内向孤僻、由家庭原因导致的思维偏差等问题，我们开展了相关心理健康主题服务。通过服务我们引导儿童正确地认识自己，帮助他们发现自己的优点，让他们学会利用优势视角去看待问题；也帮助他们寻找到舒缓情绪和表达情感的合理方法，引导他们和谐地与人相处。由此，我们可以观察到，许多儿童在接受了服务之后，开始愿意表达自己，变得更加自信。

4. 自护教育服务

项目还开展了自护教育服务，通过安全教育、防性侵教学服务等，孩子们学到了自救自护的安全知识，也逐步提高了自身的自护意识和能力。同时该服务也满足了孩子对外界的好奇心和求知欲，引导他们在了解自救自护的安全知识的基础上，学会避免安全事故的发生，从而安全、健康、快乐地成长。通过自护教育服务，好多儿童都反映他们掌握了许多自我保护的技巧，并且还将所学到的知识和伙伴分享。

5. "大海"服务

这是针对那些因为长期和祖辈生活在一起，缺乏和他人互动而逐渐脱离周围环境的儿童开展的相关服务。像每条小溪都要汇入大海一样，我们通过开展各种活动，帮助困境儿童融入家庭、学校、社区等与其生长息息相关的各个环境中。引导其积极参与社会活动，并从中激发出各种潜能和创造力。这些儿童起初抗拒参加这些活动，通过"大海"服务，他们后来积极主动地参加活动，实现了良好的社会融入。

6. 政策宣讲服务

项目服务人员会针对不同的群体开展相关政策的培训宣讲活动：对儿童督导员和儿童主任开展相关政策培训，帮助其明确自己的工作责任；对家长和儿童加强《未成年人保护法》等相关法律的宣讲教育，协助其了解和遵守相关规定。通过这些宣讲服务，加强与儿童密切相关的人对相关政策的理解和执行。

（二）不足分析

虽然项目服务取得了不少的成效，但是仍然存在一些不足之处。

1. 项目服务的不足

①难以精准化。由于困境儿童的类型具有多样性和分散性，这就导致在困境儿童的界定上无法实现精准化定位，对于不再享受社会保障的儿童，在摸排时会出现重复服务的情况。

②无法常态化。由于项目服务评估指标的单一化，导致许多服务项目无法长期深入开展，没有办法建立常态化的跟踪服务。

③缺失专业化。由于薪资和社会福利等因素的影响，项目服务队伍的建设依旧缺乏专业力量的支持，真正掌握理论知识和实践技巧的人凤毛麟角。

④未形成品牌化。许多专业的服务未能形成固定的体系、模式，在对困境儿童的需求进行服务时，创新性较少。

2. 困境儿童支持体系的不足

①服务人员权责不明，服务能力较低。政策主体的多元性和决策的多重性导致身份模糊，大部分督导员和儿童主任都是兼职，他们之间的责任体系不明

确，许多儿童事务无法细化和量化，导致困境儿童寻求帮助时无帮扶人员。并且大部分督导和主任都为40～50岁的女性，她们的学历大多在高中和大专之间，没有形成理论知识体系，缺乏专业知识和服务技巧的培训，服务能力较低。在困境儿童的界定过程中，许多儿童相关工作的负责人，无法精准地界别孤儿、事实无人抚养儿童以及困境儿童；并且也无法满足许多困境儿童的需求。比如他们对于国家政策了解得不全面，就无法为儿童匹配到相适应的政策保障。

②监督机制不健全和评估体系单一化。对于困境儿童服务相关活动的开展，政府并没有形成一个完整的监督体系，这就导致许多服务机构会钻空子，降低服务质量。对于服务质量的考核，最直观的评价指标就是个案服务对象的数量、举办活动的场次和服务对象的满意度等，单一的评价指标会引发服务机构只注重数字，而忽略其服务的实际效能。这就导致许多服务项目无法做到常态化。

③困境儿童服务组织之间未形成联动。为困境儿童提供服务的组织较为分散，民政部、妇联、教育部、团委、公安部等都有相关职能涉及。因此，困境儿童问题的有效解决依赖众多部门的共同合力。但是现在各个部门之间的沟通和联动呈碎片化状态、低效性趋势。表现为有权威的部门缺人手，有人手的部门缺资金，有资金的部门缺专业技巧，没有把社会资源有效地整合在一起。

三、社会工作视角下困境儿童社会支持机制研究

综上所述，要想妥善解决更多困境儿童的生活、医疗、教育等问题，就要建立家庭、学校、社会、网络、政府、司法"六位一体"保护格局，形成"政府主导、民政牵头、部门联动、社会参与"的制度化救助机制，努力实现困境儿童可以"生有所养、住有所居、病有所医、学有所教、困有所帮、能有所用"，构建一个困境儿童社会系统化支持体系的新格局。

1. 家庭：细化监护职责，注重家庭教育

第一，家庭要为儿童的健康成长营造温暖、健康、舒适的成长环境，儿童的父母或者其他监护人应当加强家庭教育知识学习，接受家庭教育指导，规范家庭教育行为，树立良好的家规家风，和孩子进行良好有效的沟通。第二，父母或者其他监护人应积极履行家庭监护的职责，关爱孩子的身心健康，关注孩子的生理、心理状况和情感需求等，以健康的思想、文明的言行和正确的方法教育他们。

2. 学校：发挥主阵地作用，增强教育管理

第一，学校应当全面贯彻国家教育方针，坚持立德树人，实施素质教育，

提高教育质量，注重培养儿童的认知能力，促进未成年学生全面发展。幼儿园应当遵循幼儿身心发展规律，实施启蒙教育，促进幼儿在体质、智力、品德等方面和谐发展。第二，学校应加强对学生的安全意识和法治意识教育，按照校园安全管理制度及突发事件预案机制做好安全保障工作，建立和完善校园安全措施。第三，学校保障困境儿童享有安全健康的学习环境，全面处理和预防同学间的欺凌事件，建立预防性侵害、性骚扰的工作制度。第四，全面了解困境儿童信息，给予他们足够的关注和帮扶。

3. 社会：形成联动体系，发挥合力作用

在多元的责任主体下，各界的社会服务组织都有着不可替代的作用。在实施困境儿童的服务项目中，社会各界组织不仅要发挥自己的"补位"功能，弥补政府职能的缺失，还要发挥自己的带动作用，积极响应和宣传有关困境儿童的相关服务。

4. 网络：加大净化力度，积极配合宣传

第一，全面保护困境儿童隐私和个人信息。第二，规范管理网络直播乱象，不得为未满16周岁的未成年人提供网络直播发布者账号注册服务；为年满16周岁的未成年人提供网络直播发布者账号注册服务时，应进行身份认证并征得其父母或者其他监护人同意。第三，禁止网络欺凌，为未成年人成长提供一方净土。第四，通过大众传媒加大对困境儿童服务的宣传力度，吸引社会各界人士投身于儿童服务中。

5. 政府：发挥主体责任，做好坚实保障

政府作为处理困境儿童问题的主体应不断完善对困境儿童服务的政策制定、管理监督以及评估体系建设，保障我国困境儿童工作的正常进行。政府制度体系的健全，不仅有利于对失责父母和其他照顾对象进行问责处罚，还有利于对其他部门起到支持作用，可以为各部门提供物资、政策等保障。

6. 司法：不断完善司法体系

司法部门要完善未成年被害人"一站式"询问救助、家庭教育指导、督促和支持起诉、未成年人保护公益诉讼等一系列措施，在法律层面为困境儿童提供强有力的保障。

参 考 文 献

刘继同，2005. 社会转型期儿童福利的理论框架与政策框架 [J]. 中国青年研究（7）：29-34.
尚晓援，虞婕，2014. 建构"困境儿童"的概念体系 [J]. 社会福利（理论版）（6）：5-8, 13.
徐丽敏，陶真，2020. 社会组织参与困境儿童保护的内在机理与路径选择 [J]. 华东理工

大学学报（社会科学版），35（5）：74 - 84.

许小玲，2021. 困境儿童分类保障政策执行效能研究：基于社会组织福利提供的视角［J］.
　　中州学刊（9）：87 - 94.

尤伟琼，李涛，2021. 未成年人保护法视域下的"六大保护". 中国民族教育（6）：8 - 10.

赵学慧，赵川芳，2020. 我国儿童主任现状探析：以北京地区儿童主任为例［J］. 社会福
　　利（理论版）（7）：53 - 56.

　　邬娟娟，2019 级社会工作专业本科生。该文荣获《第十二届中国社会工作大学生论坛暨第五届研究生论坛（本科生）》优秀奖，指导老师汪海玲。

虚实协同：元宇宙中社会
工作场域的构建

黄芷珊

自新冠肺炎疫情暴发以来，社会数字化转型的趋势日益明显。现实中的交流方式不足以满足疫情常态化下的交往需要，因此更多虚拟内容和虚拟体验出现，社会加速走向虚拟化。

每一次科技革命的演变都会带来颠覆性变革，从信息到知识再到大数据的不断发展，虚拟与现实产业的变革与发展改变了传统场所的服务方式，元宇宙的出现也给社会工作服务的开展带来了新的机遇。

元宇宙的核心技术如虚拟现实（VR）、增强现实（AR）等也已经在各个领域得到较广泛的应用，其中不乏与社会工作相关的技术应用。社会工作服务的开展应该抓住机遇，积极寻找与元宇宙理念契合的点，主动寻求元宇宙相关技术的赋能，通过社会工作虚拟场域的建设使社会工作服务向虚实协同发展转变，使社会工作服务向更加智能化、沉浸化方向发展。本文借用场域理论，通过对元宇宙的核心技术的分析，探讨元宇宙与社会工作实务相结合的可能性，以实现社会工作服务的虚实协同发展，为社会工作实务提供新的视角，进而实现社会工作的数字化转型。

一、元宇宙赋能社会工作虚拟场域构建的核心概念

元宇宙的概念，既有兼容并包之意，又有无限拓展之期。文学作品《雪崩》中，用户以数字化身进行交互的虚拟平行世界被称为元宇宙（Joshua J，2017）。胡泳等（2022）从语汇缘起角度将元宇宙比作"超越次元的场域"，进一步指出元宇宙是数字生成的世界。喻国明等（2022）从数字传播学角度出发认为元宇宙是一个集成过去、现在和未来的所有数字科技成果于一身的终极数字媒体。方凌智等（2022）从人文和技术的角度总结到，元宇宙是对现阶段已有虚拟世界的升级，并拥有高度发达的虚拟社会系统。

基于学界对于元宇宙概念与特征的描述，本文认为元宇宙赋能社会工作服务有如下几个核心概念。

（一）虚实协同

虚实协同指的是在元宇宙相关技术赋能下社会工作实务于虚拟场域和实体场域的融合。陈云松等（2022）认为元宇宙是以真实社会为基础的虚拟社会，其既独立于现实社会，亦是现实社会在虚拟空间的拓展。有部分人认为元宇宙是脱离现实的"伊甸园"，将元宇宙等同于虚拟的世界，笔者认为元宇宙是对现实的扩充，并且能够不断为现实赋能。在疫情常态化下，无接触的服务方式正逐渐被大众认可，社会工作的数字化转型[①]、社会工作的虚拟化转向（赵玉峰，2022）在社会工作学界正在被讨论和研究，对于在现实世界受物理层面局限的情况，在元宇宙能够得到完全改观，以此不断完善社会工作服务的开展。因此社会工作的发展也应该具有虚实协同的特征。

（二）技术融合

技术融合指的是在元宇宙形态下社会工作场域的建设需要多类底层技术的整合与运用。元宇宙包括四大类基础技术，即接入类、构建类、映射类与应用类（于佳宁等，2021）。VR、AR、混合现实（MR）、人工智能（AI）、云计算、5G 通信、数字孪生和区块链等元宇宙的底层核心技术有望在未来一段时间进入成熟期（齐健，2021）。元宇宙的相关技术日渐成熟，将成为筑牢数字世界的基建，在此之下催生了大量的应用场景与服务，在不同的场景中，人们可以进行各类的活动。因此，元宇宙形态下社会工作场域的建设需要各种底层技术的加持与相互融合，通过高速度、低传输延时的网络传输通道，使虚拟场域中的社会工作服务具有更高的沉浸式体验，使社会工作数据库具有更强大的数据处理能力等。

（三）随时随地

目前网络社会工作在一定程度上克服了部分物理实体的障碍，但离实现随时随地、人人可及的理想化状态仍有一定差距。元宇宙赋能下，社会工作虚拟场域通过各种技术的融合，使社会工作服务的开展可以打破存在场域的物理限制，跨越地域与时空的限制，为有需要的服务对象提供专业的社会工作服务。虚拟场域的建设在很大程度上就是为了随时随地为服务对象服务。社工站已经

---

① 何雪松．社会工作的数字化转型与社会工作数据科学［EB/OL］．［2022 - 09 - 13］．https：//appnpeazn3n5856. h5. xiaoeknow. com/v2/course/alive/l_6316f100e4b00a4f373db59a？type＝2&app_id＝appnPEaZN3n5856&available＝true&share_user_id＝u_5dc56a36cf114_dMFdr97pvH&share_type＝5&scene＝%E5%88%86%E4%BA%AB&share_scene=1&entry=2&entry_type=2002．

在全国大量建设，现在全国建成乡镇（街道）社工站 2.1 万个，覆盖率达 56％。尽管社工站的建设速度越来越快，社会工作服务将辐射多地，但是仍然存在未覆盖的地方。

对于"网络社会工作"，已有不同学者从不同的角度进行探讨分析（陈劲松，2006；刘斌志等 2019；吴越菲，2021）。网络社会工作有着能够突破物理层面的空间限制的特点，从而实现"缺场服务"。

二、元宇宙赋能下构建社会工作虚拟场域的逻辑构成

元宇宙一方面使用数字技术创造了超越现实的数字世界；另一方面也高效地实现了虚拟世界与现实世界的密切互动（乔利利等，2022）。由于元宇宙赋能下的社会工作虚拟场域构建有着虚实协同、技术融合、随时随地的特点，因此，元宇宙及其内在的基础技术不断革新，为社会工作服务的开展带来了新思路。任文启等（2022）还表示线上与线下结合的服务方式将成为社会工作实务领域的新常态。因此，社会工作虚拟场域也要积极运用元宇宙相关技术为社会工作服务的开展赋能，在元宇宙建立新的场域开展社会工作服务，以此实现物理场域和虚拟场域相互协同发展，找到属于社会工作的"一隅之地"。

（一）元宇宙蓬勃发展的基础技术

元宇宙蓬勃发展的基础技术为社会工作虚拟场域的构建奠定技术基础。在许多人的认知中，会将元宇宙等同于现在市面上虚拟现实技术下的一些产品，但事实并非如此。"元宇宙是人类社会新的形态"，元宇宙拓展了人类的生存维度，为用户提供了集虚拟世界、增强现实于一体的集体虚拟共享空间，人类成为穿梭于现实与数字虚拟世界的两栖物种（王卫池等，2022）。国家数字化战略背景下中国特色元宇宙体系建设不断完善（臧志彭等，2022），现阶段许多学科已经对元宇宙中的虚拟场域做出构想与展望，社会工作也需要对此进行充分融合。

（二）场域理论的适用性

虚拟场域社会工作是"以元宇宙空间为对象开展的社会工作"。场域理论是社会学家布迪厄（Bourdieu）考察现实场域所采用的核心观点。对于场域（field）这一概念布迪厄（2004）这样表述："我将一个场域定义为位置间客观关系的网络（network），或一个构型（configu‐ration），这些位置是经过客观限定的。"

对于现实社会中社会工作方法技巧于元宇宙的适用性问题上，有学者（赵

玉峰，2022）表示肯定，布迪厄的惯习理论可以对场域理论的适用性进行说明。惯习是一种倾向的系统，惯习一方面是社会结构生产的主体对社会情境的反映，另一方面也是主体对于不断变化的场域而产生的主动性应对（Bourdieu，1986）。惯习包括概念结构与性格倾向两个核心要素。"根据惯习理论，可以推测未来元宇宙的建设也大概率不会超脱于现实世界的范畴，人在社会化过程形成的惯习也能从现实世界中带到元宇宙，也会产生类似于现实社会的情境"（赵玉峰，2022）。

在诸多研究中，场域理论先后在教育机构、法律机构等现实场域有所涉及，而场域的阐释视角不仅适用于现实生活的诸网络构型，还能有效地参与对虚拟网络场域的分析（何蓉，2011）。该理论不仅适用于对物理层面现实场域的剖析，还能更广泛地应用于一些虚拟场域之中，而社会工作虚拟场域构建的解释合法性和说服力也能得到体现。对此，本文认为场域理论于社会工作虚拟场域的构建是有其适用性的。

（三）社会工作转型的需要

社会工作是一门关注人在社会系统中互动的学科。疫情的常态化影响了人们在社会中的互动，促使人与人之间的生活交往方式发生变化，社会工作于物理世界开展实体服务受阻，因而社会工作需要转型。在疫情的"催产"下，社会工作更需要虚实协同发展，进而实现向数字化的转型。与社会工作类似的学科——心理学的服务技术化已经成熟，在可穿戴设备使用、脑成像技术运用方面都领先于社会工作。未来的社会发展将会筑基于高新技术之上，未来社会工作如果不能和高新技术融合，社会工作者就不能充分利用高新技术开展服务的技巧，将不利于社会工作的长足发展。

三、元宇宙核心技术应用于社会工作虚拟场域的构建

（一）元宇宙赋能社会工作虚拟场域的基础技术

1. 数字孪生技术：使社会工作实务中物理现实和虚拟现实相结合

数字孪生（digital twin）是指通过数字化方式创建物理实体的虚拟模型，从而连接物理世界与信息世界（El Saddik，2018）。将实体服务孪生至虚拟场域中，通过技术融合、资源整理、数字化建设的方式，数字孪生技术如何在社会工作虚拟场域中运用是值得探讨的。

2. 扩展现实技术：增强社会工作虚拟场域中的沉浸体验

扩展现实技术一般指的是虚拟现实技术（VR：visual reality）、增强现实技术（AR：augmented reality）、混合现实技术（MR：mixed reality）等技

术，是利用计算机、电子信息、仿真技术等，使计算机模拟出虚拟环境，增强社会工作虚拟场域中的沉浸体验，使人们沉浸于社会工作虚拟场域中。

3. 区块链技术：加快社会工作资源数据库建设

区块链以其可信任性、安全性和不可篡改性，让更多数据被解放出来。基于区块链的数据脱敏技术能保证数据私密性，为隐私保护下的数据开放提供了解决方案，将利于社会工作数据库资料的储存以及社会工作数据库资料的运用。

（二）元宇宙赋能社会工作虚拟场域的应用场景

何雪松表示社会工作数字化转型，需要加强社会工作者的数字能力建设与社会工作数据科学建设，以数字赋能为中心的社会工作将是未来社会工作的使命①。本文期待将元宇宙所能实现的数字化转型应用于社会工作的实务层面，通过在实务中积累行政数据来分析并优化服务流程，精准把握服务对象的需求与变化；也可以利用新的元宇宙底层技术来推动社会工作服务的发展，提升社会工作者的数字分析水平，打造社会工作数字平台，形成社会工作的数据库。

本部分内容通过结合元宇宙的核心技术，从服务对象的视角出发，探讨分析元宇宙的基础技术于社会工作虚拟场域的构建，以此思考元宇宙技术与社会工作实务相结合的可能性。

1. 创建数字分身，感受高保真的服务体验

运用数字孪生、融合扩展现实等技术搭建的细致、仿真虚拟环境的数字建模，为社会工作者、服务对象等主体在虚拟场域建立"数字分身"，能够为场域中的人营造出沉浸式的在场体验。具体而言，可以在社会工作服务的"介入"阶段，利用 AR、VR、MR 技术，通过智能穿戴设备感受在虚拟场域中建立的数字分身，使人的具身以"在场"的方式参与到活动中，能够以"临场感"实现语言、情感与情绪表达，减少信息失真（乔利利等，2022）。通过"数字分身"，可以使服务对象从视觉、听觉、触觉等感官上获得高质量的沉浸感与在场感。元宇宙所构建的不同主体共同参与的虚拟场域，能够形成孪生于现实世界又高于现实世界的社会关系，将使社会工作虚拟场域中的人从情感上的沉浸感升级至心理认同的层面。

2. 革新社会工作技术，实现社会工作服务多元化

（1）聚焦不同服务对象的需求，提供针对性服务

物理场域中社会工作实务在"接案"阶段（这里主要指个案工作的开展），

---

① 何雪松. 社会工作的数字化转型与社会工作数据科学［EB/OL］.［2022－09－13］. https：//appnpeazn3n5856. h5. xiaoeknow. com。

一般是通过与案主访谈，拜访案主的亲属、朋辈群体、其他联系人或者相关部门获得案主信息。在元宇宙的虚拟场域中，在数字孪生、融合扩展现实等技术支撑下，虚拟场域的智能系统根据不同主体现实的特点、习惯提供更加全方位、更加有针对性的服务意见。

而对于一些特定群体，如不便出门的独居老人，可以通过相关技术赋能，减少出现因物理场域造成的因素影响社会工作服务开展的情况。从而实现社会工作服务更全面的覆盖——无论有多远，只要有需要，就能为服务对象带来专业社会工作服务。在因物理条件受限的情况下，通过打造细节极致仿真的虚拟环境，社会工作虚拟场域中的服务聚焦不同服务对象的需求，营造出有特点、有针对性的沉浸式的在场体验。

（2）通过传统手法与元宇宙技术融合，创新服务方式

传统社会工作的个案、小组和社区工作手法同样适用于网络社会工作中[①]。第三代互联网——元宇宙可应用的场景有很多，通过传统手法与元宇宙技术融合，可以建立元宇宙中的个案咨询与辅导工作站，为案主提供多样化服务；还可以构建元宇宙场域中的社区社工站，强化居民之间的联系，也能以此更多地为居民服务。

另外，社会工作比较依赖于填写问卷、会谈或者调查等传统的手段，填写问卷或访谈的方式往往只能通过询问研究对象获得相关的行为、观点或态度资料，但元宇宙产生的数据则是一种自下而上的"记录"，它不再聚焦于感觉、态度等主观信息，进而转向表情、行为、语言等客观现实，这是元宇宙产生的数据所具有的客观属性（陈云松等，2022）。元宇宙底层技术赋能下，通过超强的数据处理运算和分析能力，更加利于获得、储存、运用社会工作实务中产生的各种数据，数据的处理方法可以得到改进。

（3）模拟体验生命轨迹，寻找人生正道

第二人生（Second life）是模拟体验最早的应用呈现之一。第二人生（Second life）是美国林登实验室（Linden Lab）研发的一个集虚拟现实技术和网络通信技术于一体的一款 3D 虚拟游戏，它能够让参加者在各种虚拟化情境中进行体验式学习（张怀南等，2013）。

通过数字孪生等技术搭建"模拟家庭"，满足服务对象的不同需要。家庭属于初级群体，是人的一生中的重要场域，鲍尔（Bowlby）从依恋关系角度已强调个体早期与家庭成员的关系将会影响到个体今后的发展（Bretherton，1992）。传统的"家庭模拟"方法已在促进福利院儿童社会化（奂倩，2012）、

---

① 中华人民共和国民政局．防疫期间 网络社会工作大有可为［EB/OL］．［2020 - 04 - 09］．https://www.mca.gov.cn/article/xw/mtbd/202004/20200400026772. shtml．

提高阿尔茨海默病患者认知功能和行为能力（彭伟等，2009）、加快精神分裂症病人的恢复期（黄惠君等，2018）等社会工作的不同领域中有所运用。在元宇宙的数字孪生等底层技术赋能下，打造出一个开放的、沉浸的、仿真的社会工作"家庭模仿"空间模型，为不同服务对象提供多元化的服务。

不仅如此，"模拟体验"还将用于社区矫正中，通过还原真实场景，让社区矫正人员重新体验"普通人生"，在体验中帮助其重新融入社会；也可以于老年人群体中使用，在运用缅怀疗法时，通过情境再现，帮助老人缅怀回顾和叙述生命故事，使其探寻生命价值并建立正向态度；也能通过"虚拟父母"陪伴玩耍，为留守儿童提供情感陪伴等。

3. 建立立体模型数据库，便于社会工作者实务开展

通过社会工作立体模型数据库的建立，在元宇宙场域中借助大数据技术对大量资源进行整合分析，建立数字化资源、服务、场景内容等多要素关联系统。

（1）使用立体模型，便于资料翻阅

运用数字孪生技术与扩展现实技术，搭建关于案主相关信息、动态的数据展示平台，在实务中的预估阶段，可帮助社会工作者了解服务对象问题产生的自身、家庭、社会等因素，以此对案主回归社会的社会支持条件诊断分析。在构建出的全景模型中，可以帮助社会工作者更加便捷地寻找在预估阶段所需要的信息，以提高工作效率。

（2）搭建元宇宙资源平台，实现供需对接

元宇宙区块链技术赋能下，社会工作实务数据库的建立成为可能。通过"资源链接"的"社工行业区块链"的建立，在实务的介入阶段，使个人、组织或相关部门等不同主体可以实现广泛协作，同时实现去中心化。元宇宙资源平台的搭建可以使社会工作者在实务中能够为服务对象更好地链接社会资源，实现"精准帮扶"。也可以在实务中积累行政数据，对此进行分析并优化服务流程，便于精准把握服务对象的需求与变化。

（3）基于数据库，建立模型进行风险干预

基于社会工作数据实务数据收集构成的数据库，能够建立模型预测服务对象的行为，以寻找社会关系网络的"节点"为起点，对危机事件进行提前干预。也能通过提前寻找、辨识的方式开展外展社会工作，寻找其中的风险人群，以此通过高风险空间的改造来减少犯罪的发生。现阶段上海社工"全链条"介入未成年人犯罪预防，使未成年人犯罪人数下降91.1%[①]。预防是社会

---

① 王烨捷. 上海社工"全链条"介入未成年人犯罪预防［EB/OL］. ［2020-08-27］. http://zqb. cyol. com/html/2020-08/27/nw. D110000zgqnb_20200827_1-05. htm.

工作实务中十分重要的一个目标，对区块链技术赋能下的社会工作数据库资料的运用，将会对社会工作实务的发展起促进作用。

元宇宙中社会工作虚拟场域虽然主要就数字孪生技术、扩展现实技术、区块链技术等技术进行构建，但实际上元宇宙核心技术于社会工作实务中的运用远不止于此。通过人工智能技术的运用，建立合乎社会工作伦理以及拥有社会工作职业价值观的"虚拟智能社工人"，在社会工作者未能及时为服务对象提供服务的情况下，真正做到随时随地为服务对象提供服务。

四、元宇宙赋能下社会工作实务开展的启示

（一）在虚、实场域中强调"人在情境中"的视角

元宇宙有着沉浸感、低延迟等特征，这与社会工作"人在情境中"的视角不谋而合，情境性是元宇宙与现实世界的共同之处。元宇宙是为各方提供服务的新平台，社会工作在此作为资源链接者的角色，能够与服务对象、政府、社会公众、第三方评估组织等不同主体相连接。

在服务开展中，元宇宙中的虚拟场域作为社会的一个子场域而存在，在主场域的运行中起着关键作用。"在现实世界中，社会工作擅长从情境入手去分析服务对象的问题，也从情境入手来解决问题"（赵玉峰，2022），在元宇宙中也能如此；现实世界中社会工作与各方相连接并遵守指定的相关场域规定，于元宇宙中也能借鉴。其实，无论在真实情境还是虚拟情境，"人在情境中"都是社会工作实务开展的一个基本视角。

（二）培养各个主体对虚拟场域的心理认同

在虚拟社区中，空间构建是由行动者互动的在场来弥补他们身体的缺场完成的（何蓉，2011）。同时，虚拟场域中的主体对场域形成的认同对于说明这个场域的合理性至关重要，培养虚、实场域内各个主体的惯性是必要的。

不同主体对元宇宙中社会工作场域形成的认同对于说明场域的合理性至关重要。受传统认知影响，许多人对于新技术下的虚拟场域中服务的开展认同度较低。为了使不同主体能够在场域内建立心理认同，社会工作者需要将传统物理场域的服务模式与新的虚拟场域相结合，形成虚实优势互补，以更加专业的服务，建立起各方在虚拟场域中的归属感。

（三）形成可持续的虚实协同体系

在元宇宙中，社会工作者需要以其专业的服务与技能，促进场域内不同主体行为惯性和场域规范的形成。社会工作者作为资源链接者的角色，通过多元

主体共同参与，以习性作为场域的维护和行为准则，使各方力量作为资本注入场域中，以此不断为场域发展革新动力，最终使人的每一个行动均被行动所发生的场域所影响，实现物理环境、行为环境和自我的三者结合。同时，社会工作者需要充分动员场域内的不同主体，通过形成持续性互助小组、完善互助契约、制定相应的制度等方式，打造服务对象间的互助支持网络，避免出现过于单纯依靠外部力量导致服务断层的现象。

网络社会日渐成为一个人性培育和社会化的场域，它重构了人和人之间的关系，持续改变着传统社会生活和身处其中的人们的生活方式、思维方式和价值观念（张小锋等，2017）。由此，更加需要形成以现实场域为主体，虚拟场域为其补充的虚实协同体系。

五、结语

当前元宇宙运用于社会工作的探索还在继续，元宇宙相关技术的应用也处于萌芽阶段。以场域理论为指导，在元宇宙中形成新的社会关系形态，以此构建出社会工作场域是其中一种思路。与最初的网络社会工作相比，由于元宇宙是当下高速无线通信网络、VR、AR、云计算、区块链等一系列技术创新的总和，加上视觉、空间和体验等元素的融入，元宇宙赋能社会工作更具有应用场景普适性。本文通过元宇宙的虚实协同，推动传统社会工作应用场景的重构与升级，构建出具有适用性的社会工作虚拟场域的应用场景，使社会工作实务在虚拟世界与现实世界中互联、互通，在创新中发展。

目前缺乏元宇宙场域下的虚拟社会工作服务开展的实践，因此不具备充足的实证条件。科技是一把双刃剑，在元宇宙下的技术融合构建出的虚拟场域也存在着隐私、伦理、沉迷等问题。但我们也需要抓住其中的机遇，不断关注元宇宙相关技术的发展，努力将其核心技术运用到社会工作中。虽然现阶段相关理论尚未完善，也少有实践将其运用，但虚实结合协同发展的社会工作服务模式，可以先"悬丝诊脉"，从嫁接远程服务开始。

展望互联网发展的未来，元宇宙或将成为人类生存的第二空间，而社会工作于未来元宇宙中的发展，就是希望达到随时随地、人人可及的理想状态。现阶段离理想状态仍有一定差距，或许也未能为有需要的服务对象提供达到心理认同层面的沉浸感服务，但元宇宙赋能社会工作的探索还在继续。本文只是对于元宇宙中社会工作虚拟场域的建设进行初步探讨，随着未来元宇宙概念的完善及技术不断升级，元宇宙为社会工作将赋能更多，社会工作的数字化转型也在继续。

参 考 文 献

陈劲松，2014. 网络社会工作的特性及基本原则探讨［J］. 中国人民大学学报（5）.

陈云松，郭未，2022. 元宇宙的社会学议题：平行社会的理论视野与实证向度［J］. 江苏社会科学（2）.

方凌智，沈煌南，2022. 技术和文明的变迁：元宇宙的概念研究［J］. 产业经济评论（1）.

何蓉，2011. 场域视角中的虚拟社区：一个典型的"游戏空间"［J］. 西南民族大学学报（人文社会科学版）（11）.

胡泳，刘纯懿，2022. "元宇宙社会"：话语之外的内在潜能与变革影响［J］. 南京社会科学（1）.

奂倩，2012. "模拟家庭"："福利院儿童"社会化的新路径［J］. 中国青年研究（6）.

黄惠君，郑婉玲，林敏，等，2018. 恢复期精神分裂症住院患者家庭预适应训练研究［J］. 护理学杂志（11）.

刘斌志，何冰冰，2019. 主体性与网络社会工作：暗网世界中的青少年互动机制及治理［J］. 社会工作（3）.

彭伟，付利霞，谢玉玲，等，2009. 模拟家庭照护对阿尔茨海默病患者认知功能和行为能力的影响［J］. 中华护理杂志（12）.

布迪厄，华康德，等，1998. 实践与反思：反思社会学导引［M］. 北京：中央编译出版社.

齐健，2021. Gartner：新业态、新模式推动智慧城市加速发展［J］. 智能制造（1）.

乔利利，邓峰，赵星，2022. 基于数智人的元宇宙敏捷治理路径构建及应用［J］. 图书馆论坛（7）.

任文启，马悦，2022. 元宇宙：新文科建设背景下社工实验室迭代升级的新视点［J］. 科学·经济·社会（3）.

王卫池，陈相雨，2022. 虚拟空间的元宇宙转向：现实基础、演化逻辑与风险审视［J］. 传媒观察（7）.

吴小永，2006. 关于建立"网络社会工作"的几点设想［J］. 中共郑州市委党校学报（1）.

吴越菲，2021. 迈向跨区域服务传送的乡村振兴：网络社会工作的实践可能［J］. 中国农业大学学报（社会科学版）（5）.

于佳宁，何超，2021. 元宇宙［M］. 北京：中信出版社.

喻国明，耿晓梦，2022. 元宇宙：媒介化社会的未来生态图景［J］. 新疆师范大学学报（哲学社会科学版）（3）.

臧志彭，解学芳，2022. 中国特色元宇宙体系建设：理论构建与路径选择［J］. 南京社会科学（10）.

张怀南，杨成，李敏娇，2013. 基于 Second life 的虚拟学习社区构建与应用研究［J］. 远程教育杂志（3）.

张小锋，张涛，2017. 社会组织在中国网络社会治理中的作用［J］. 哈尔滨工业大学学报（社会科学版）（6）.

赵玉峰，2022. 元宇宙与社会工作的虚拟转向［J］. 科学·经济·社会（3）.

周鑫，王海英，柯平，等，2022. 国内外元宇宙研究综述［J］. 现代情报（12）.

BOURDIEU P，NICE R，1986. Distinction：a social critique of the judgement of taste ［M］. Harvard University Press.

BRETHERTON I，1992. The origins of attachment theory：John Bowlby and Mary Ainsworth ［J］. Developmental Psychology（5）.

JOSHUA J，2017. Information bodies：Computational anxiety in Neal Stephenson's Snow Crash ［J］. Interdisciplinary Literary Studies（1）.

SADDIK A E，2018. Digital twins：The convergence of multimedia technologies ［J］. IEEE multimedia（2）.

黄芷珊，2020 级社会工作专业本科生。该文荣获《第十四届中国社会工作大学生论坛暨第六届研究生论坛（本科生）》三等奖，指导老师石昱岑。

民族地区社会工作教育与教学

"互联网＋"高校混合式教学模式应用研究

——以内蒙古农业大学社会工作专业课程为例

张银花　尚艳春　马建荣　石昱岑　张秉洁

一、成果简介及主要解决的教学问题

《社会调查原理与方法》和《中国社会思想》是内蒙古农业大学社会工作专业的两门必修基础课程，分别于 2016 年和 2017 年被批准成为内蒙古农业大学第一批和第二批预建设示范课程，并于 2017 年和 2018 年先后获批内蒙古农业大学示范课程建设立项并通过验收，获得学校第一批和第二批"示范课程"称号。课程建设预期效果突出，得到广大师生和同行的好评和认可，带动全院教师获批学校"线上线下混合式"一流课程立项 4 门、线下一流课程立项 2 门，课程团队成员获批教改项目 3 项，其中自治区级 1 项，校级 2 项；发表教改论文 2 篇；出版学校自编教材 1 部。指导学生获得国家级论文竞赛二等奖、三等奖各 1 项，自治区级论文竞赛二等奖、三等奖各 2 项，具有较强的示范性。《"互联网＋"高校混合式教学模式应用研究——以内蒙古农业大学社会工作专业课程为例》正是基于以上两门课程线上线下混合式教学模式改革而形成的教学成果研究报告。

本成果调动学生学习积极性，强化文科学生知识应用能力，秉持"以学生发展为本"的课程教学理念，致力培养学生的自学、探索和创新能力。利用互联网技术，依托网络教学平台，开展混合式教学，主要解决了以下问题。

（一）解决了学生学习中的知识"断点"和碎片化问题

传统教学存在一定程度的"断点"现象，即每节课的内容都被分解为一个独立单元，知识点被碎片化理解，无法将课程的所有内容连贯为统一的整体。针对这一问题，课程团队预先在网络教学平台上传完整的课程资料，使学生在课前能够了解完整的课程脉络构成和课程体系设计，在头脑中形成课程的总体印象。在面对面教学环节，老师对知识进行串讲，增强学生对课程内容的整体性认识和理解，有效解决了学生学习中的知识"断点"和碎片化问题。

（二）强化了对学生学习效果的过程跟踪和全程考核

以往，由于教学时间、空间限制，学生学习效果只能通过期中测试或期末考核的方式予以反映，学习效果缺少足够的过程跟踪。课程团队采用线上线下混合教学模式，通过线上教学和课堂教学，及时掌握学生的在线实时学习和课堂学习情况，加强对学生学习效果的每一过程每一环节的跟踪，借此有针对性地调整教学内容和教学管理手段，及时回应学生学习难点，弥补传统线下教学的不足。

（三）增强了学生自主学习热情和创新能力

采用线上线下混合式教学模式，一方面解决了传统课堂教学师生互动的时空限制，实现师生互动的及时性，增加师生互动频率，激发学生自主学习热情；另一方面，大量的课程信息可以通过线上平台传递给学生，摆脱传统教学教师"身体载体"的限制，增加了课程教学的信息容量，提高了学生自主学习、思考探索以及创新的能力。

（四）提升了教学效果和教学质量

课程团队重构课程知识体系，合理制定教学方案，增加理论知识的实践应用比重，高质量组织线上线下教学，通过建立分论坛研讨、课程项目实践等灵活、多元的教学方式，使学生成为学习活动的中心，达到培养学习动机、提高学习积极性和提升学习效果三者的有机统一，有效提高了教学质量。

二、成果的创新点

（一）新教学观和新学习观的结合

互联网的发展，使知识变得更加多元、碎片、具象，也深刻改变了人类学习和教育教学的方式，知识的生产和传播也由以"人"为主转变为人机合作的方式。这就使得在互联网时代成长起来的当代大学生接受知识的渠道更加多元，知识需求也更为迫切。针对知识源和学习者的变化，"教与学"也需要被重新定义。课程团队采用混合式教学模式，通过线上线下相结合的多元化方式将以往有限的课堂资源无限扩充，既保证了知识体系的完整性，又能够满足使用者的碎片化、拓展性需求，实现对传统教学观和学习观的创新。

（二）课程思政引领和多元教学手段融合

课程团队全面挖掘社会工作专业课程的思政元素，加强专业课教学的价值引领作用、全面推进课程思政建设，在社会工作专业课程《社会调查原理与方法》《中国社会思想史》《学校社会工作》《社区工作》等多门课程的教学过程中应用线上线下混合式教学模式，通过多元化教学手段将课程思政元素和习近平新时代中国特色社会主义思想以及新的发展理念融入课程教学中，将知识目标、能力目标、素质目标相融合，激发学生的时代责任感和使命感，共同培养学生严谨的科学态度、强国有我的责任意识和高尚的社会担当精神。

（三）探究式学习和个性化学习能力的培育

中山大学教师发展中心王竹立老师认为，未来的学习将由学科导向的系统学习和碎片化学习向个人导向的系统学习转变，这种转变将带来学习的革命和教育的革命。个人导向的系统学习包含两个关键要素，一是个人学习能力的培育，二是个性化需求的满足。课程团队应用混合教学模式，通过丰富的教学内容设置、灵活多样的教学活动设计，满足学习者个性化的知识需求、并培养其学习能力，实现新时代对传统课堂教学方式的创新实践。

三、成果的推广应用效果

项目成果已在全院教学中得到应用，解决了教学方式单一、学生学习动力不足等多方面的实际问题，达到了提高教学效果、教学质量，以及培养学生多种能力的目标，产生了非常有效的推广应用效果。

（一）成果的示范带动效应

带动全院教师应用线上线下混合式教学模式，并获批学校"线上线下混合式"一流课程立项 4 门、线下一流课程立项 2 门，分别为《老年社会工作》《行政管理学》《行政组织学》《地方政府学》《公共部门人力资源管理》《国家公务员制度》。获批相关教改项目 4 项，分别为《中国社会思想史混合式教学模式的实践探索》（2018）、《高校学业困难学生的识别与帮扶——社会工作专业方法的拓展性应用》（2020）、《给予混合式教学改革背景下的课程设置创新建设研究——以〈公共经济学〉为例》（2021）和《"新文科"背景下社会工作专业培养方案的课程体系设计及创新实践》（2021）。

（二）搭建学生自主学习平台，多元提升各方面能力

应用混合式教学模式，符合课程特点和学生实际，符合高校教育教学改革政策的需要，适应"互联网＋教育教学"的发展方向。课程团队搭建网络学习平台，通过在线学习与面对面教学的混合，突出线上线下的互动性、课后讨论

的参与性、学习阶段的全程性、效果评价的持续性等多元方式，引导学生多方面发展。创新设计课程内容，增加培养学生口语表达、书面写作、阅读理解等课程内容，有效地培养和提升了学生的读、写、说、思、用等方面的实际技能。

（三）学生学习动机更为明确，学习成效显著

通过改革课程教学模式，学生的学习热情、科学研究能力和创新能力得到大幅提高，学生们在科研方面表现非常出色，获得全国社会工作大学生论坛优秀论文二等奖、三等奖各1项，内蒙古自治区社会工作教育论坛优秀论文二等奖2项、三等奖2项、优秀奖1项，挑战杯自治区级三等奖2项、校级三等奖1项。申报全国社会工作实务与技能大赛项目2项，内蒙古农业大学大学生科技创新项目1项。

（四）课程产出明显，社会服务能力增强

依托课程教学模式改革，积极探索产学研协同育人机制，团队成员承接完成内蒙古自治区人民政府重大决策咨询项目1项，与内蒙古天骄航空公司合作完成企业调查项目1项，通过智力输出服务于地方社会高质量发展。另外，凭借优秀的社会服务能力，教学团队获得内蒙古自治区哲学社会科学优秀成果政府奖三等奖、国家民委社会科学研究成果奖三等奖、内蒙古自治区教育厅二等奖各1项。

汇聚社会工作力量　助力乡村振兴

张玉兰　包丽娜　那仁图雅　包特日格勒　尚艳春

一、项目简介

中国要美，农村必须美。垃圾分类是整治农村人居环境的重要环节，也是美丽乡村建设的需要。社会工作者是基层治理的重要力量，能够在乡村振兴和美丽乡村建设中会发挥重要作用。内蒙古农业大学社会工作专业的老师和同学们长期扎根和服务农村，在乡村建设方面积累了丰富的工作经验，具有突出的专业实践优势。为了践行乡村振兴战略，响应国家垃圾分类的号召，内蒙古农业大学社会工作专业的师生们以"汇聚社会工作力量　助力乡村振兴"为主题组织了社会实践活动。

本次活动分为三个阶段。第一阶段为准备阶段，师生志愿者与内蒙古乌兰察布市四子王旗公合成村村委取得联系，确定活动目标，明确活动内容，制定活动流程，准备活动资料。第二阶段为实施阶段，分两期进行：第一期的主要任务是清理村庄周围垃圾，完成村民垃圾分类的基础教育，发现社区领袖，第二期的主要任务是清理村庄内部垃圾，完成村内垃圾分类的强化教育，培育社区领袖。第三阶段为结果评估和反思阶段，全体成员比对预设目标和活动结果，并结合专业理论知识分析活动中出现的问题，提出改进的措施。

从结果看，本次活动得到公合成村村民和当地政府的高度认可，也使社会工作专业学生在专业学习方面获得了明显的成长。

二、项目正文

1. 项目服务对象及项目实施背景

（1）项目服务对象

内蒙古乌兰察布市四子王旗公合成村全体村民。

（2）项目实施背景

1）政策背景

据环保部印发的《2017 年全国大、中城市固体废物污染环境防治年报》

显示，2016 年我国大、中城市生活垃圾产生总量约 1.8 亿吨，累计城市垃圾堆存量已达到 66 亿吨（彭韵等，2018）。事实上，中国政府对于生活垃圾早有关注，20 世纪 90 年代已经出台有关垃圾分类的相关政策，但是由于各方面原因当时垃圾分类的推进并未有实质性的进展。2000 年以后，我国开始逐步在重点城市进行垃圾分类试点，宣传垃圾分类的重要性，并出台了相关的行动方案。2016 年我国迎来了垃圾分类的新纪元，国家发展改革委和住建部联合发布《垃圾强制分类制度方案（征求意见稿）》和《"十三五"全国城镇生活垃圾无害化处理设施建设规划（征求意见稿）》；两个文件的颁布标志着我国垃圾分类从试点阶段走向推广阶段。与前一阶段的建议性法律法规不同，此时国家强调垃圾强制分类，且在《生活垃圾分类制度实施方案》中明确提出了可操作性强的垃圾分类模式，并且将垃圾分类从城市延伸到广大农村。

2）现实背景

生活垃圾分类关乎人民群众的美好生活、中华民族的永续发展，推行社会发展生活垃圾分类不仅可以减少环境污染问题，并对社会效益、生态效益等发展具有促进作用。与城市相比，农村生活垃圾处理一直没有得到关注，相关部门也没有提出更高要求。在乡村振兴战略要求下，农村人居生态环境治理被提上议程。

农村垃圾分类对于生态文明体制改革目标下的美丽乡村建设具有重要意义，关乎绿水青山的真正实现。内蒙古作为中国北方的重要生态屏障，其生态环境治理和改善对国家整体经济发展和生态安全等具有关键作用。相关资料显示，内蒙古牧区面积为 12.3 亿亩，占全区土地总面积的 22%，其中大部分为半农半牧区。可以说，内蒙古半农半牧区是内蒙古农村生态环境保护的重点，也是中国北方生态屏障建设的重要内容。因此，本项目选取内蒙古典型半农半牧区——乌兰察布市四子王旗公合成村作为项目地点开展活动。

2. 项目服务方案的理论依据和专业方法

（1）项目服务方案的理论依据

1）优势视角理论

"优势视角"（strength perspective）是指导社会工作实践的重要理论视角，它将案主视为积极能动的主体，认为应当把人们及其环境中的优势和资源作为社会工作助人过程中所关注的焦点，通过帮助服务对象认识其所具有的优势达到解决服务对象外在或潜在问题的目的。优势视角强调在助人过程中要重点关注案主在兴趣、能力、知识等方面所具有的优势，并利用这种优势帮助他们从逆境中解脱出来，达到解决问题的最终目的。此次活动立足于四子王旗公合成村半农半牧、垃圾可循环利用的特有优势和文化传统，对村民开展垃圾分类方面的政策宣讲，强化村民对垃圾分类的科学认识，实现农村垃圾分类和环境保护的社会目标。

2）认知行为理论

认知行为理论是由行为主义和认知理论整合而来的。认知行为理论认为，在认知、情绪和行为三者中，认知扮演着中介与协调的作用。该理论的核心观点是，案主的问题并非固有的，而是由内在外在因素共同影响形成的，特别是个体认知对其情绪和行为具有决定性影响。因此，要改变案主偏差性社会行为必须先纠正其不当认知。社会工作专业强调，在树立正确认知的基础上建立良好的专业关系，鼓励服务对象形成良好的行为规范，达到助人和自助的服务目标。

在对四子王旗公合成村前期走访过程中发现，虽然村民有垃圾分类的意识，但却缺乏科学方法。例如，为了避免产生垃圾，村民习惯于将使用过的塑料袋焚烧处理，误以为烧掉就不会产生污染。他们不知道，烧掉的塑料袋会以另外一种方式污染环境。因此，本次活动在村民原有的垃圾处理方法的认知基础上，运用专业方法，结合"认知行为理论"为村民普及垃圾分类知识和垃圾循环利用、回收利用的科学方法，以提高村民的垃圾分类意识，增加村民垃圾分类和处理的科学性。

3）社会学习理论

社会学习理论探讨了个人的认知、行为与环境因素三者及其交互作用，及其对人类行为的影响。该理论认为，人的行为，特别是人的复杂行为主要是后天习得的。在观察学习过程中，人们可以通过示范活动的象征性表象获得思想和行为改变。其中，观察是学习的起始环节，在观察过程中人们会以示范者为榜样，改变自身思想和行为，进而做到外部强化、自我强化和替代性强化，增强自己的学习动机，达到最好的学习效果。

在活动过程中，师生志愿者坚信村民可以通过科学知识的学习来改变他们的垃圾处理不当行为。作为专业人员，我们首先用实际行动对村庄垃圾进行整理分类，带动村里的积极分子一起参与，对村民参与垃圾分类起到示范性作用。然后再通过入户走访的方式对村民的垃圾分类的科学知识进行普及，在改变村民习惯性认知的基础上为他们提供新思想、新方法，最终达到垃圾分类科学化的目的。

（2）社会工作专业方法

1）社会资源整合

资源是指一切可被人类开发和利用的客观存在，整合就是要优化资源配置，有进有退、有取有舍，就是要获得整体的最优。为了推动社区发展，社会工作者必须策动社区资源，因为资源整合是社会工作服务的不竭源泉和基本保障。只有动员和整合社区中蕴藏的各类资源，才能为有需求的个人或群体提供更有效的服务。在本次活动中，师生志愿者充分利用学校、公合成村干部及村民代表等所拥有的人力、物力和专业资源，圆满完成了任务。

2）社区动员

社区动员是社区工作者的一项基本功，动员群众参与是社区工作的主要内容和重要任务。本次活动中，师生志愿者以村里的党员和模范村民为主要动员对象，重点提高他们垃圾分类的知识能力和参与积极性，通过他们产生示范作用，从而带动其他村民参与垃圾分类的主动性和积极性。

3）社区教育

社区教育是一种教育现象或一种教育活动，指在社区范围内，利用社区内的政治、经济、文化、风俗习惯、生活方式和思想风貌等因素对社区所有成员开展多渠道、多层次、多方位、多方面的教育影响活动。在此次活动前期调研中发现村民多数为老年人，垃圾分类的知识储备不足、参与积极性不高，为此师生志愿者用简单易懂的语言，通过入户访问的方式对村民进行垃圾分类宣传和知识普及，并通过发放宣传单、举办党日活动等方式提高村民垃圾分类意识，增强村民垃圾分类的行动能力和主动性。

4）社区领袖培育

社区领袖是在社区发展中自发形成（有的经过培育）的，能满足和反映社区群众的需求，影响社区思想、生活趋势的社区人物。通常，社区领袖具有某一面的专长或能力，愿意为社区公共事务无偿出谋出力，能够获得社区群众的支持和信赖。他们或有时间有精力，或有知识有能力，但绝大多数都有一个共同特征，就是能够代表社区群众的某些利益要求。社区领袖是现代社区中涌现出来的群众精英，引导得当能够成为社区建设发展的骨干力量。

公合成村的模范户将畜牧业产生的粪便垃圾作为农业的天然肥料，再把农作物的秸秆粉碎成畜牧的草料，他们在垃圾循环利用方面具有一定优势，具备成为领袖人物的潜力和能力，通过培养可以带领村民积极参与垃圾分类。

3. 项目服务过程与内容

（1）活动目标

总目标：提高内蒙古自治区乌兰察布市四子王旗公合成村村民垃圾分类意识和行动能力。

分目标：了解垃圾分类政策要求；提高当地村民垃圾分类的科学知识储备；提高村民垃圾分类行动的主动性。

（2）社区需求分析

法国心理学家享利·伯列绍将社区需求划分为四种类型，即感觉到的需求、表达了的需求、标准上的需求和比较性的需求。对公合成村进行前期调研发现公合成村的垃圾分类在这四种类型上都有体现。

感觉到的需求：村民们需要更多的垃圾桶。

表达了的需求：居民多数为老年人，他们需要垃圾分类科学知识的相关培训。

标准上的需求：国家政策对农村垃圾分类做出明确要求。

比较性的需求：公合成旧村与公合成新村的村庄环境存在差距。

（3）服务过程与内容

本次活动分为三个阶段，分别为准备阶段、实施阶段和结果评估与反思阶段。

1）准备阶段

准备阶段为 2021 年 3 月 1—18 日，社会工作专业师生组成社区服务志愿者服务队，主要完成项目联络、活动策划和活动用具准备等任务。首先，由带队老师和学生志愿者代表与学校驻公合成村第一书记和村委会联系，确定本次活动的目标、内容和相关程序。根据双方商讨结果，活动团队做出详细的活动计划，联系资源，并与公合成村村委确定活动时间和活动具体安排。

2）项目实施阶段

项目分为两期实施，时间为 2021 年 3 月 19 日至 4 月 19 日。第一期由 2020 级社会工作 1 班同学负责，主要任务是清理村庄周围垃圾，完成村民垃圾分类的基础教育，发现社区领袖。第二期由 2020 级社会工作 2 班同学负责，主要任务是清理村庄内部垃圾，完成村内垃圾分类的强化教育，培育社区领袖。具体操作过程如下。

社会工作专业师生志愿者到达指定工作地点后，首先对村内随意丢弃的生活、生产垃圾进行示范性分拣，让村民获得垃圾分类的感知性认识。然后，由村委会成员代表带领师生志愿者进行入户宣传。第一期同学的主要任务是了解目前村民垃圾处理方式、垃圾分类的认知情况，并对村民进行垃圾分类的政策宣讲，对农村垃圾分类的具体方法和要求进行讲解，发现村民领袖。第二期同学在第一期同学工作基础上，再次进入村庄，与村民志愿者一同整治村内道路环境和生活环境，并再次入户了解村民对垃圾分类的认识和具体行动，针对存在的问题进行应答性讲解，鼓励村民领袖进行社区示范和社区教育。每次活动后，社会工作师生与村民党员代表、社区领袖和村民志愿者进行党日联谊活动，共同探讨村庄垃圾分类的重要性、存在的问题，以及下一步的解决措施。

3）结果评估和反思阶段

第三阶段为结果评估和反思阶段，时间为 2021 年 4 月 19 日至 4 月 30 日。从结果上看，本次活动使内蒙古乌兰察布市四子王旗公合成村村民的垃圾分类意识有了很大提升，行动能力得到了很大提高，活动达到了预期目标，村民们的科学垃圾分类行动的主动性与科学垃圾分类知识储备有了明显的提高。

从项目实施过程来看，活动准备工作充分，过程衔接流畅，能够保证活动目标的达成。但是，在具体操作中，仍然存在个别同学工作态度不够端正、工作懒散、效率不高的问题。而且，由于同学们的生源地与项目地存在语言差异，同学们在与村民访谈沟通和互动中存在一定程度的交流障碍。

通过此次活动我们不仅对乡镇村貌有了新的认识和了解，更在实践中学习到了社工"助人自助""利他主义"的专业精神。社会工作师生用行动参与乡村振兴建设，践行社会工作专业的责任和义务，树立了专业社工者形象，扩大了社会工作专业的影响力。在具体项目实施过程中，仍存在一些问题，针对这些问题，我们要加强学生的工作态度教育，强化学生的专业化知识储备，做好活动实施者与项目地文化差异的认知准备等。

4. 服务项目资源分析

1) 人力资源

本次活动由内蒙古农业大学人文社会科学院的 5 名老师与 2020 级社会工作 1、2 班的全体同学，共计 64 人参加。5 名老师分工协作，1 名老师负责联系活动地点，1 名老师负责活动开始前垃圾分类方面的知识培训，1 名老师负责做好充分的后勤保障，另 2 名老师负责组织带队。学生任务分配如表 1。

表 1　学生任务分配

分组	一期（人）	二期（人）
摄像组	2	2
新闻组	2	2
后勤组	2	2
实践组	24	23
合计	30	29

2) 社区资源

公合成村是学校的指定驻村扶贫点。社会工作专业一名教师于 2013 年被派驻到公合成村担任第一书记，他（她）了解公合成村各方面的实际情况，能够发挥自身优势，将专业理论知识与具体实践相结合，利用自身优势保证本次活动的顺利实施。

内蒙古四子王旗是我国国家级贫困县，公合成村村民长期以来养成了节俭的习惯，具有垃圾回收的基本意识。而且，作为典型的半农半牧地区，该村的生活垃圾不多，以生产垃圾为主，农业垃圾和牧业垃圾具有互补和循环利用的优势。

通过扶贫，公合成村近年已经产生了一些养殖大户，他们和村内的党员同志在村内具有较高的威望，具备成为社区领袖的潜能，能够带动身边的村民一起做好垃圾分类，养成垃圾分类的良好习惯。

3）物品和经费预算

学校师生和公合成村第一书记商量后，需准备的物品和经费见表2。

表2　物品准备和经费预算

项目	数量	单价	预算金额（元）	备注
劳动手套	100副	1.1元/副	110	志愿服务队准备
活动宣传单	200张	1元/张	200	志愿服务队准备
活动袖标	40个	0.625元/个	25	志愿服务队准备
活动马甲	40件	28元/件	1 120	志愿服务队准备
午餐	2餐	300元/餐	600	志愿服务队准备
水	8件	8元/件	64	志愿服务队准备
垃圾袋	4包	45元/包	180	志愿服务队准备
视频制作	2套	100元/套	200	志愿服务队准备
大巴	2辆（租）	1 000元/辆（租）	2 000	志愿服务队准备
垃圾运输车	2辆	0	0	村委会准备
扫帚	16把	0	0	村委会准备
铁锹	8个	0	0	村委会准备
合计			4 499	

5. 服务项目的实施效果

（1）得到公合成村村民的一致好评

本次活动对村庄周边环境及内部街道进行了清扫，对不同类型的垃圾进行分类处理，特别是对村内道路的粪便进行了回收利用。通过此次活动，村内环境得到明显改善，村民对志愿者同学表达了谢意，感谢同学们为他们创造的整洁的生活环境。

（2）实施效果得到四子王旗民政部门的高度认可

本次活动得到四子王旗民政部门的高度重视，他们在详细了解活动内容和活动进程后，专门在四子王旗政府网站的公众号上进行了报道和宣传。

（3）活动得到学校的支持和肯定

本次活动的举办不仅进一步加深了学校与扶贫村的联系，践行了学校服务地方社会的承诺，还充分彰显了社会工作专业价值，得到学校相关部门的认可，并在学校官方网站进行了报道和宣传。

（4）社会工作学生获得了专业成长

通过此次活动，学生对社会工作专业有了更深刻的认识，加强了自身的专业责任感和使命感，提高了专业学习兴趣，迈出了成为专业社会工作者的第一步。

张玉兰、包丽娜、那仁图雅、包特日格勒，2020 级社会工作专业本科生。本案例实践获得"第一届民族社会工作实务与技能大赛"优秀奖，指导教师尚艳春。

来自阿巴嘎的蒙古马

苏日娜　兴华　牧绣勒　张银花

一、项目简介

阿巴嘎旗位于内蒙古自治区锡林郭勒盟中北部，是锡林郭勒大草原腹地的一块绿色宝地。阿巴嘎旗是由一个古老的部落演变而来，"阿巴嘎"系蒙古语音译，汉语"叔叔"之意，因部落首领为元太祖成吉思汗弟弟别力古台后裔，故将其所率部落称为"阿巴嘎"部，沿用至今。

民族要复兴，乡村必振兴。阿巴嘎旗是黑马的故乡，将现代马产业打造成一项富民产业，是其实现乡村牧区振兴战略的重要举措。本项目以铸牢中华民族共同体意识为主线，合理运用社会工作专业的理论知识，对建立健全以马产业为中心，逐步形成"政府引导、市场驱动、企业＋牧户运营"的发展格局，提出具有可操作性和社会意义的合理路径：以发展马产业作为带动草原文化、旅游产业快速发展的突破口，以观赏马、产品马、竞技马、仪仗马、品种马等为基础，打造和发展马产品研发基地，加快马产品工业的开发，并在此基础上向多个产业辐射，相继打造以文化体验、生态旅游、体育运动为核心的全民健康牧区和旅游开发基地，向全国级甚至世界级大型马匹交易市场目标迈进，为草原牧民拓展更多的收入来源，从而带动全旗经济社会快速发展，实现乡村牧区振兴。

二、项目正文

1. 项目服务对象及项目实施背景

（1）项目服务对象

本项目的服务对象为阿巴嘎旗全体牧民。本项目发扬蒙古马精神，铸牢中华民族共同体意识，推动民族社会工作发展，为推动阿巴嘎旗建立一条以马产业为中心的产业链，为草原牧民拓展更多的收入来源，从而带动经济社会快速发展，实现乡村振兴而尽力。

（2）项目实施背景

党的十九大报告首次提出实施乡村振兴战略，之后，实施乡村振兴战略逐步成了全党全社会解决"三农三牧"问题的一致行动，同时为牧区振兴、实现牧区现代化带来了重大发展机遇。在实施乡村振兴战略总要求中"产业兴旺"位居第一位。因为推进农村牧区产业兴旺是实现农业强、农村美、农民富的扎实基础和坚实的依托。只有在产业兴旺的前提下，才能进一步提高农牧业生产效率，也才能提高广大农牧民非农牧产业就业率；只有在产业兴旺的前提下，广大农牧民的安居乐业才有可靠保障。实现产业兴旺就要按照每个地区的实际情况，因地制宜地探索出一条适合当地产业发展的道路，从而突出地区的特色性，并充分发挥比较优势。

2020 年 9 月，农业农村部、国家体育总局联合印发了《全国马产业发展规划（2020—2025 年）》，这是新中国成立以来针对马产业出台的第一个发展规划，该规划指出马产业是我国畜牧业的重要组成部分，而内蒙古自治区草场资源丰富，马文化底蕴深厚，马产业发展在全国居于要位。早在 2017 年 12 月，内蒙古自治区人民政府就已发布了《关于促进现代马产业发展的若干意见》，明确指出要将现代马产业发展纳入当地经济社会发展规划中，制定并落实现代马产业发展的相关政策措施，为发展高质量的现代马产业提供支持和保障。内蒙古阿巴嘎旗是黑马的故乡，而且有得天独厚的环境资源、马匹资源及文化资源。因此，把这些资源转变为产业发展优势，推动内蒙古马产业的优化升级，对于助力乡村牧区振兴，促进牧民增收及牧区经济发展具有重要的实践意义。

2. 项目服务方案的理论依据和专业方法

（1）项目服务方案的理论依据

1）马斯洛需求层次理论

马斯洛需求层次理论（Maslow's hierarchy of needs），也被称作"基本需求层次理论"，是由美国著名心理学家亚伯拉罕·马斯洛于 1943 年在《人类激励理论》一书中提出来的。该理论最初将人类的需求分为五种，如同阶梯一样由低至高，逐层递升，这五种需求分别为：生理需求、安全需求、情感和归属需求（社交需求）、尊重需求以及自我实现需求。后来马斯洛又在此基础上增添了求美需求和求知需求，但是被人们广泛认可和研究的是最初提出的五个层次需求。马斯洛认为，不同种族的人们虽然拥有不同的民族、文化、阶级、历史，但是却有着相同的需求模式，同时每个人的需求都是一个结构化的整体。

本项目运用马斯洛需求层次理论分析阿巴嘎旗牧民的需求所在，运用专业知识为他们服务，马斯洛的需求层次理论可以运用到一个人的一生，即由最基本的生理需求到最高的自我实现。

2）优势视角理论

"优势视角"是社会工作学科领域的一个基本范畴、基本原理，是指"社会工作者所应该做的一切，在某种程度上要立足于发现、寻求、探索及利用案主的优势和资源，协助他们达到自己的目标，实现他们的梦想，并面对他们生命中的挫折和不幸，抗拒社会主流的控制"。

本项目运用此理论通过阿巴嘎旗牧民本身的优点来帮助他们达到助人自助的目的，也就是让牧民们发现自己身上的潜能并把它发挥出来。

（2）社会工作的专业方法

社会个案工作、社会团体工作、社区工作这3种方法，在解决和预防社会问题、协调社会关系、促进社会功能的正常发挥等方面相互关联，在当代社会工作中，已呈现出一体化、综合化的趋势。

1）社会个案工作

社会个案工作是社会工作中最先发展起来的一种科学的专业服务方法，对象是作为社会成员的个人或作为社会细胞的家庭。运用各种现代科学知识与技术，帮助个人或家庭解决或预防困难和问题，改善个人或家庭的生活，使之获得幸福。

通过社会个案工作，帮助阿巴嘎旗牧区困难个体和群体恢复社会功能，让服务对象所在的社区得到发展和进步。

2）社会团体工作

社会团体工作以团体为服务对象，主要运用科学知识协调团体与成员之间、成员与成员之间及团体之间的各种关系，促进团体成员与团体生活的健康发展，使团体及其成员能及时克服困难，解决面临的各种问题。

通过社会团体工作，社会工作者要链接资源，整合牧区自身的资源，并构建一个牧区社区的社会支持网络，联系政府、企业等多方共同推动牧区马产业、旅游业发展，进而提高牧民收入、促进牧区经济发展。同时社会工作者可链接为阿巴嘎旗马文化产业创建宣传平台，不但提高其美誉度和知名度，而且能够找到文化产业的投资方和支持者，然后形成规模产业。最后，社会工作者作为资源链接者，要将所得外部资源合理分配和利用，促进牧区经济良性发展。

3）社区工作

社区工作是以社区为对象开展社会工作的一种方法。包括社区组织、社区服务与社区发展。任务主要是了解社区的问题与需要，利用社区的人力、物力、资源，争取社区外的配合、协作与支持，帮助社区及时解决面临的困难与问题，促进社区福利事业的发展，使社区在社会发展中发挥更好的作用。

通过社区工作，社会工作者深入牧区社区，评估社区及牧民的资源与需求，了解其具体的情况，帮助牧区社区建立一个互助网络。这个互助网络包括两个层级：第一个层级是由当地政府（盟、旗和苏木）为牧区及牧民提供服务支持；第二个层级是建立各牧户间的互惠网络。在构建牧区的互助网络时，要协调政府、牧户等各方关系，根据牧户居化的就近原则进行小组划分，进而形成更大范围的互助网络。

项目组可以运用以上方法服务阿巴嘎旗的牧民们，为草原牧民拓展收入来源，带动全旗经济社会快速发展，实现乡村牧区振兴等目标。

3. 项目服务过程与内容

（1）项目服务过程

来自阿巴嘎蒙古马项目服务过程包括项目筹备、项目实施和项目总结3个阶段。各个阶段的工作由专业社会工作者组织开展，牧区行政工作者配合工作，相关专家督导。

1）项目筹备阶段

这一阶段的主要任务是信息资料收集、问题及需求预估、来自阿巴嘎蒙古马项目宣传。项目组以"调研先行，了解服务对象的需求"的宗旨为指导，根据阿巴嘎牧区实际情况结合来自阿巴嘎蒙古马项目开展的要求，设计调查问卷，进行走访调研。

2）项目实施阶段

这一阶段，主要是项目的具体实施，按照阿巴嘎牧民的需要以及阿巴嘎牧区的马资源，建立一条以马产业为中心的产业链，通过社会工作的专业方法，为阿巴嘎牧区整合资源，提供多元化的专业服务。

3）项目总结阶段

这一阶段的主要任务是由来自阿巴嘎蒙古马项目组的社工进行自我评估和总结，对所实施的服务项目相关的收集的资料、服务对象、马产业的进展状况等工作进行资料整理，进行服务对象满意度调查，然后讨论交流，总结服务成效，展示服务成果，与此同时要接受服务购买方的评估以及第三方评估机构对项目的终期评估，结合评估意见进一步商讨制定下个项目服务周期的工作计划。

（2）项目服务内容

1）成立服务研讨小组

通过与牧区嘎查村委会多方讨论，成立服务研讨小组；研讨小组的成员由阿巴嘎旗牧区嘎查村委会领导、××学校本科社工及研究生组成，确保研讨的质量；通过研讨小组这个平台，定期召开服务研讨会，商讨服务方案，协调服务时间，为服务对象提供最优质的服务。

2）介入路径：政策倡导、资源链接、互助网络

社会工作介入阿巴嘎牧区可在宏观、中观、微观三个层面进行，基于阿巴嘎牧区马产业问题和牧民的真实需要，运用社会工作的专业工作方法，发挥社

会工作者的支持陪伴、资源链接、政策倡导以及潜力发掘等作用，用社会工作的视角促进阿巴嘎牧区马产业发展，提高草原牧民的收入。

4. 服务项目资源分析

（1）人力资源

本项目依托××市社会工作服务中心聘请资深社工督导，督导老师将在项目设计与实施等一系列环节给予指导。项目指导人为社会工作专业教授，有着丰富的实务经验及理论知识，在项目成立以来一直给予大力支持，提供许多建设性指导建议。本项目组成员全部为社会工作专业学生，有一定的专业素养和理论基础，并且成员有带领社工项目及各种小组活动、组织公益活动的经验，对社会工作专业有无限的热情和兴趣。

（2）社会资源

本项目在筹备期间就获得了学院老师以及机构负责人的大力支持与悉心指导，××社工站全力支持本项目在实施过程中需要的一些基础设施，并承担项目开展的督导工作。××政府对于类似服务牧区的社工服务项目表示非常的支持和肯定。

5. 服务项目的实施效果

民族要复兴，乡村必振兴。乡村振兴是实现中华民族伟大复兴的一项重大任务。本项目以铸牢中华民族共同体意识为主线，以社会工作的价值、理论为指导，通过运用社会工作专业知识、方法与技巧，采用切合实际的问题解决机制或助人模式，调动所介入地区的传统知识和民族地区的本土资源，帮助解决发展性问题，实现民族地区发展和乡村牧区振兴的有益目标。

阿巴嘎旗是黑马的故乡，发展以马文化为依托、以现代赛马业为带动的综合型马产业，对树立新的品牌形象，打造民族文化强旗名片，培育经济发展新的增长点具有重大战略意义。

阿巴嘎旗气候条件得天独厚，非常适合阿巴嘎黑马的繁育和生长；草地资源优良丰富；育马历史悠久，群众基础好，具有养马传统和经验；旅游文化资源丰富。发展氛围浓厚等区域优势和丰富的马资源优势为阿巴嘎旗发展以马文化为主线，以发展休闲文化旅游为载体的旅游景区奠定了重要的基础。

本项目实施后可实现马产业链的集合，形成独具民族特色的草原文化景区，为牧民拓展收入来源，带动全旗经济社会快速发展，实现乡村牧区振兴等目标。

本项目的盈利点主要在马产业中博彩赛马业（包括马术业）、旅游马业和产品马业（马产品综合开发）三个方面。其中最具市场潜力的是博彩赛马业。关于旅游马业的旅游景点，应该设有各种马上技巧项目，如马队接送、赛马、驯马、骑马、马车、马术表演以及具有民族特色的马工艺品等，而且应注意旅游用马的质量（包括体型外貌和体质、毛色等），使其能代表草原上的骏马，这样才能吸引更多的旅客来参观、旅游。对于产品马业，因蒙古马的全身都是宝，马奶、马肉、马脂、孕马血清、马皮、马鬃、马尾都有价值，由此可以开发天然、绿色、营养、保健和医疗性食品等高附加值产品。尤其酸马奶对肺结核、贫血及消化道疾病有显著的疗效，是不可多得的保健奶制品。因此，针对该产品，可采用线上线下结合的方式进行销售，顾客既可以在线下实体店进行购买，也可以在线上下单包邮到家，切实满足顾客的需求。

项目组希望能够充分挖掘阿巴嘎旗马产业资源优势，以发展马产业作为带动草原文化、旅游产业快速发展的突破口，建立一条以马产业为中心的产业链，并在此基础上向多个产业辐射，相继打造以文化体验、生态旅游、体育运动为核心的全民健康牧区和旅游开发基地，向全国级，甚至世界级大型马匹交易市场目标迈进。

发展规划：

（1）短期目标

完成电商平台的建设，打造品牌主打产品的塑造与宣传。使品牌被大众广泛了解与支持。获得基础盈利。

（2）中期目标

整合牧民的马匹资源，形成合作社经营模式。建设相关马文化酒店、纪念品店，打造一批以马竞技、马表演、马体验为主的集观赏性、游乐性、体验性、纪念性于一体的旅游项目。充分发展旅游业来获取更多的资本。

（3）长期目标

打造马产品研发基地，开展马术产业，培育优良马品种，并向全国级甚至世界级大型马匹交易市场目标迈进，为草原牧民带来更多的收入来源，带动全旗经济社会快速发展，实现乡村牧区振兴。

苏日娜、兴华、牧绣勒，2018级社会工作专业本科生。课题负责人苏日娜现保送至内蒙古大学社会工作专业攻读研究生。本案例为"第一届民族社会工作实务与技能大赛"入围作品，指导教师张银花。

图书在版编目（CIP）数据

生态、治理与社会工作 / 张银花等著. —北京：
中国农业出版社，2023.11
（生态安全与社会治理丛书 / 张银花，李金华主编）
ISBN 978-7-109-31441-2

Ⅰ.①生…　Ⅱ.①张…　Ⅲ.①生态环境－环境治理－
社会工作－研究－中国　Ⅳ.①D669②X321.2

中国国家版本馆 CIP 数据核字（2023）第 210169 号

中国农业出版社出版
地址：北京市朝阳区麦子店街 18 号楼
邮编：100125
责任编辑：张　丽
版式设计：王　晨　责任校对：张雯婷
印刷：三河市国英印务有限公司
版次：2023 年 11 月第 1 版
印次：2023 年 11 月河北第 1 次印刷
发行：新华书店北京发行所
开本：700mm×1000mm　1/16
印张：10.5
字数：200 千字
定价：59.00 元